WILLKOMMEN im MYSTERIVERSUM

60 Geheimnisse über den Menschen,
die Natur und das Universum

Für Martin, dessen Neugier und dessen Staunen über die Welt mich immer wieder inspirieren. – C.G.

Für Bia und Ernie, und alle Lehrer und Schüler der George Tomlinson. – B.B.

Für meinen Vater, der mir so viele Fragen beantwortet hat, und für Tove und Kit, wegen alldem, was wir gemeinsam lernen werden. – L.C.

Die Illustrationen wurden mit Feinliner gezeichnet und digital in Photoshop koloriert.
Gesetzt in Brandon Grotesque, Juniper, Tango BZ und P22 Macinac Pro

MIX
Papier | Fördert gute Waldnutzung
FSC® C008047

Penguin Random House Verlagsgruppe
FSC® N001967

1. Auflage 2024

Die Originalausgabe erschien 2023 unter dem Titel »Welcome to the Mysteryverse«
bei Wide Eyed Editions, einem Imprint der The Quarto Group.
Übersetzung: Cornelia Panzacchi
Umschlaggestaltung: Geviert GbR, Grafik & Typografie
aw/jf · Herstellung: AW
Satz: Lorenz+Zeller GmbH, Inning a. A.
Druck: C&C Offset Printing Co., Ltd.
ISBN 978-3-570-18214-7
Printed in China

www.cbj-verlag.de

WILLKOMMEN
im
MYSTERIVERSUM
TEXT VON
Clive
Gifford
ILLUSTRIERT VON
Good Wives
and Warriors
cbj

INHALT

EINLEITUNG

Wir Menschen sind sehr neugierig. Und wahrscheinlich hast du aus genau diesem Grund dieses Buch aufgeschlagen: Wir wollen alles herausfinden. Über uns selbst, über andere Lebewesen und auch über alles, was es außerhalb unseres Planeten gibt. Aus Neugier führen wir die unglaublichsten Experimente durch, bereisen die Welt und beschäftigen uns mit Pflanzen, Tieren und Naturphänomenen. Dabei haben Reisende, Forschende und andere kluge Köpfe höchst erstaunliche Dinge herausgefunden – über uns, unsere Erde und das Universum.

Unser Wissen vergrößert sich ständig, und wir verstehen vieles besser als je zuvor. Trotzdem sind immer noch viele Fragen offen: Warum träumen wir, haben Fingerabdrücke oder müssen gähnen? Woher kommt das Wasser auf der Erde? Wie begann das Leben, wie wird das Universum enden? Gibt es Außerirdische? Warum schnurren Katzen? Die Liste scheint unendlich lang.

Machen wir uns also auf die Reise durchs Mysteriversum und schauen uns die verblüffendsten Rätsel, die uns unsere Erde und das Universum stellen, etwas genauer an. Was sind die neuesten Theorien dazu? Welche Schwierigkeiten stellen sich uns auf unserer Suche nach der Wahrheit in den Weg? Wer weiß – vielleicht ist ja vieles bereits gelöst und es muss nur noch eine Theorie bewiesen werden? Oder jemand kommt bald auf eine neue Idee, wie man heute scheinbar Unerklärliches doch erklären könnte? Mag aber auch sein, dass einiges für immer ein Geheimnis bleibt ...

UNBEKANNTES VERSTEHEN WOLLEN

Während du das hier liest, sind Tausende geniale Köpfe ständig damit beschäftigt, mehr und mehr Wissen für die Menschheit anzusammeln. Außer ihrer Kreativität setzen sie die unterschiedlichsten Instrumente ein, um die Geheimnisse unseres mysteriösen Universums zu enträtseln. Dabei stoßen sie auch immer wieder auf neue Fragen.

Neue Beweise finden

Naturforschende suchen überall auf der Welt nach neuen – oder in Vergessenheit geratenen – Tier- und Pflanzenarten. Dabei setzen sie auch neueste Technologien wie Drohnen und Unterwassersonden ein. Auch unter der Erdoberfläche ist man fündig geworden und hat dort nicht nur Werkzeuge und *Fossilien* – die versteinerten Überreste von Lebewesen –, sondern auch im Laufe der Zeit verschüttete Ruinen alter Städte gefunden. All das vergrößert ständig unser Wissen über das Leben in der Vor- und Urzeit.

Technologische Hilfe

Der technologische Fortschritt, vor allem in Bezug auf immer leistungsfähigere Computer, eröffnet der Forschung neue Möglichkeiten. Mithilfe von Computersimulationen stellen Forschende Phänomene der wirklichen Welt nach, um deren Wirkungen zu untersuchen und die Folgen einzuschätzen. Auf diese Weise erfahren sie mehr über mögliche Auswirkungen von Stürmen oder den Luftwiderstand von Fahrzeugen. Es gibt auch Simulationen, mit denen Forschende versuchen, die Auswirkungen des Klimawandels vorherzusagen.

Radiokarbondatierung

Alle Menschen, Tiere und Pflanzen nehmen ihr Leben lang Kohlenstoff, auch Karbon (C) genannt, auf. Vor allem in Form von C-12, aber auch als C-13 und C-14. Anders als C-12 und C-13 zerfällt C-14 jedoch, sobald ein Lebewesen tot ist (die Menge halbiert sich alle 5.730 Jahre). Forschende versuchen, das Alter von Knochen, Leder, Holz und ähnlichen Stoffen zu bestimmen, indem sie die darin noch enthaltene Menge an C-14 messen und mit der Menge an C-12 (das ja nicht zerfällt) vergleichen.

Klarer sehen

Mikroskope und Teleskope machen sowohl sehr Kleines als auch sehr weit Entferntes sichtbar. Durch Elektronenmikroskope können wir einzelne Atome sehen, und das Hubble- und das James-Webb-Weltraumteleskop holen Objekte aus den Tiefen des Alls näher heran, die früher für uns ebenfalls unsichtbar waren. So erfahren wir mehr und mehr über das Universum.

Die Bakterienart *Helicobacter pylori* verursacht Magengeschwüre.

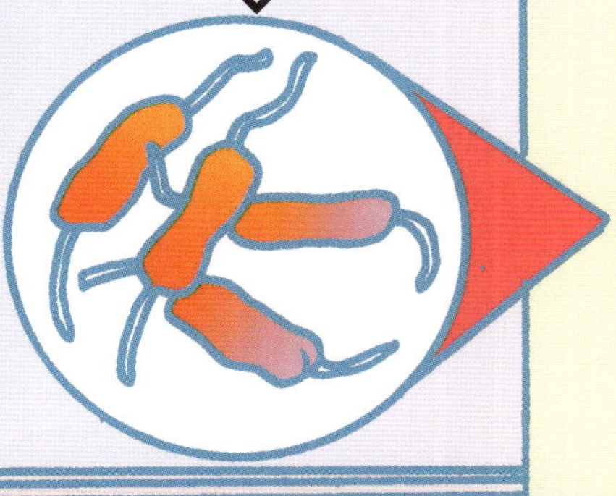

Nicht nachmachen!

Früher hieß es, Magengeschwüre entstünden durch Stress, scharfes Essen und zu viel Magensäure. Dr. Barry Marshall aber war überzeugt, dass bestimmte Bakterien die Ursache sind. Deshalb trank er eine mit diesen Bakterien versetzte Brühe – und stellte kurz darauf Magengeschwür-Symptome an sich fest. Seine Theorie war bestätigt, und die Entwicklung von Behandlungsmethoden konnte beginnen.

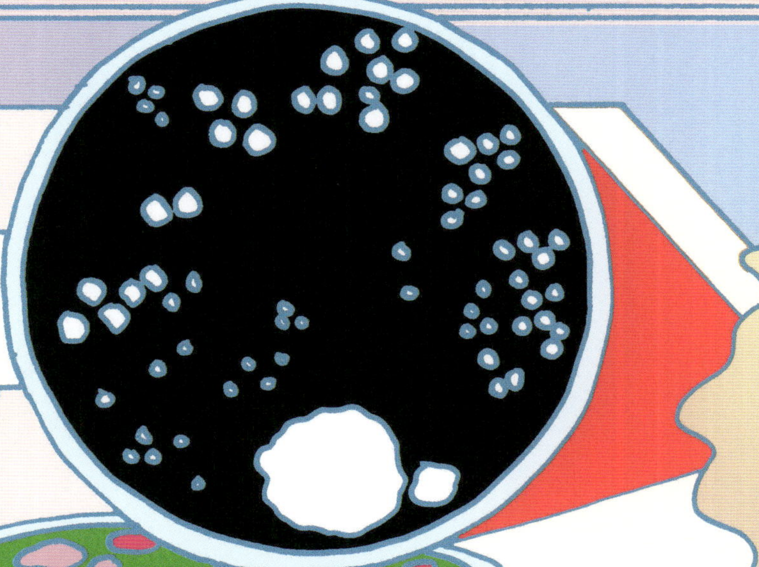

Glücksfall

Auch Zufälle können die Forschung weiterbringen. 1928 wurde im Labor von Alexander Fleming eine Schale mit einer Bakterienkultur von Schimmel befallen – der die Bakterien abzutöten schien. Fleming entsorgte die Schale nicht, sondern sah sich genauer an, was da passiert war, und entdeckte so das erste sogenannte Antibiotikum: Penicillin. Antibiotika werden seither zur Bekämpfung zahlreicher Krankheiten eingesetzt.

WIR RÄTSELHAFTEN
WESEN

WARUM HABEN WIR FINGER-ABDRÜCKE?

Nicht nur Menschen, auch Schimpansen, Gorillas und Koalas sind dank ihrer Fingerabdrücke unverwechselbar.

Einigen wenigen Menschen fehlen die Hautlinien, die Fingerabdrücke hinterlassen – eine seltene genetische Störung.

Jeder Mensch (mit einigen wenigen Ausnahmen) hinterlässt Fingerabdrücke, die sich von denen aller anderen Menschen unterscheiden. Nicht einmal eineiige Zwillinge haben dieselben Fingerabdrücke. Sie entstehen durch die feinen Hautlinien an unseren Fingerkuppen. Die Linien entwickeln sich zwei bis drei Monate vor der Geburt und bilden bei jedem Menschen andere Muster aus Schleifen, Bögen und Wirbeln.

Danebengegriffen

Bis vor Kurzem glaubte man, die ganz leicht erhöhten Hautlinien würden ähnlich wie ein Reifenprofil für eine bessere Haftung der Finger beim Greifen sorgen. Doch 2009 entdeckten Forschende, dass diese Linien die Festigkeit des Griffs bei glatten Gegenständen *mindern*, weil sie die aufliegende Fläche der Fingerkuppe verringern. Man brauchte also eine neue Erklärung für diese Hautlinien.

Kletterhilfe?

Es könnte durchaus sein, dass diese Linien *doch* beim Festhalten helfen – und zwar bei rauen Oberflächen wie Baumrinde. Vielleicht bildeten sie sich, als unsere Vorfahren noch auf Bäume kletterten, und verhinderten das Abrutschen von regennassen Stämmen und Ästen, weil sie das Abfließen von Wasser erleichtern?

Für mehr Gefühl?

Neuere Forschungen legen nahe, dass die Wirbel, Bögen und Schleifen die Empfindlichkeit der Fingerkuppen steigern, denn dort befinden sich mehr Nervenzellen als irgendwo anders im Körper. Deshalb ertasten Finger auch sehr feine Oberflächenunterschiede und kleinste Unebenheiten.

Fingerschutz?

Die Hautlinien könnten aber auch dem Schutz der Fingerkuppen dienen und Blasenbildung verhindern. Oder aber alle diese Theorien sind richtig und diese faszinierenden Muster erfüllen mehrere Aufgaben auf einmal. Bis jetzt wissen wir es einfach noch nicht und müssen uns damit begnügen, über die Einzigartigkeit unserer Fingerabdrücke zu staunen.

Die Hand des Gesetzes

Die Talg- und Schweißdrüsen der Fingerkuppen hinterlassen auf glatten Oberflächen unverwechselbare Fingerabdrücke. Ermittler können sie sichtbar machen und mit anderen, in Datenbanken gespeicherten Fingerabdrücken vergleichen.

ZUM GÄHNEN?

Sicher ist dir schon aufgefallen, dass wir nicht nur dann gähnen, wenn wir müde sind, sondern auch beim Aufwachen, wenn uns langweilig ist oder wenn wir Hunger haben. Chasmologinnen und Chasmologen erforschen das Gähnen. Manche von ihnen glauben, dass wir auf diese Weise unser Gehirn kühlen (um etwa 0,1 °C pro »Gähner«) und dadurch seine Leistungsfähigkeit steigern. Aber es gibt noch andere Theorien ...

Ansteckend

Viele Menschen müssen gähnen, sobald sie jemand anderen gähnen sehen. Ist dies ein Überbleibsel aus der Zeit, als unsere Vorfahren noch nicht sprechen konnten? Bewirkte es, dass die ganze Gruppe gleichzeitig schlafen ging? Oder dient Gähnen doch dazu, das Gehirn anzuregen, und bewirkt so, dass alle wachsamer werden?

Aufgeweckt

Vieles spricht dafür, dass das schnelle Einsaugen von Luft beim Gähnen die Wachsamkeit erhöht und dass beim Gähnen die das Gehirn umgebende Flüssigkeit dazu angeregt wird, müde machende Botenstoffe auszuspülen.

WARUM SIND WIR KITZLIG?

Wir sind auf zwei verschiedene Weisen kitzelig, doch bisher ist nur eine davon ausreichend erforscht. Wenn jemand zum Beispiel eine Feder sanft über deine Haut zieht, reagieren Sensoren in der Haut, die man Meissner-Körperchen nennt. Du spürst ein Kitzeln, und dein Gehirn weiß, dass du berührt wirst.

Gargalesis

Das ist der wissenschaftliche Name für das andere Kitzeln. Es löst bei uns unkontrolliertes Zucken und Kichern aus – egal, ob wir gern gekitzelt werden oder nicht. Könnte das ein Überlebensinstinkt aus der Evolution sein, um empfindliche Körperteile wie Bauch oder Hals zu schützen? Oder dient es eher dem Aufbau von Vertrauen innerhalb der Gruppe? Wir wissen es (noch) nicht.

Sich selbst kitzeln?

Erwiesen ist, dass man sich nicht selbst durch Kitzeln zum Kichern bringen kann. Versuche es mal! Das Kleinhirn überwacht sämtliche Körperregionen und leitet Informationen von dort an das übrige Gehirn weiter. Es weiß, wenn du dich selbst kitzelst, und verhindert die Reaktion.

GESCHICKTE HÄNDE

Eine glückliche Minderheit von Menschen ist beidhändig: Sie setzen ihre linke und ihre rechte Hand gleichermaßen geschickt ein. Die meisten von uns aber haben eine dominante Hand. Das ist die, mit der man am besten greifen und schreiben kann. Aber warum ist das so? Und warum ist nur ungefähr ein Zehntel der Menschheit linkshändig?

Lieblingshand

Benötigt man für eine Aufgabe nur eine Hand, kann sich ein größerer Teil des Gehirns mit anderen Dingen beschäftigen. Einhändigkeit könnte auch beim Einüben neuer Fertigkeiten von Vorteil sein. Man verschwendet keine Zeit, um beiden Händen dasselbe beizubringen, sondern konzentriert sich darauf, es mit einer Hand richtig zu machen.

Gibt es ein Linkshänder-Gen?

Ob Linkshändigkeit vererbt wird, ist nicht gesichert. Studien zufolge liegt die Wahrscheinlichkeit, dass ein Kind linkshändiger Eltern ebenfalls Linkshänder wird, nur bei 25 Prozent. Bisher wurden bereits über 30 Gene identifiziert, die Linkshändigkeit beeinflussen könnten. Aber vielleicht entsteht sie gar nicht durch Gene, sondern durch den Einfluss chemischer Botenstoffe während der Schwangerschaft.

Nicht nur die Hände …

Du hast auch ein dominantes Auge. Bilde mit Fingern und Daumen ein kleines Dreieck und schaue da hindurch auf einen weiter weg liegenden Gegenstand. Schließe das linke Auge. Wenn der Gegenstand nun ganz oder teilweise außerhalb des Dreiecks liegt, dann ist das linke dein dominantes Auge. Bleibt er drin, ist dein rechtes Auge dominant.

In der Minderheit

Vielleicht war es ja aus evolutionären Gründen von Vorteil, dass es rechtshändige und linkshändige Menschen gibt. Aber warum gibt es dann so viel mehr Rechtshänder? Bei anderen Arten ist die Verteilung ungefähr gleich. Warum sind wir die einzige Art mit einem derartigen Ungleichgewicht?

Unterdrückt

Früher wurden linkshändige Kinder oft gezwungen, ihre rechte Hand zu nutzen, weil man Linkshändern nicht so recht traute. Obwohl Genies wie Leonardo da Vinci und Marie Curie Linkshänder waren, war es in manchen Ländern verboten, in der Schule mit der linken Hand zu schreiben. Doch auch das erklärt nicht, warum beim Menschen das Verhältnis von Rechtshändern zu Linkshändern 9:1 ist. Zudem belegt die Untersuchung von Skeletten aus der Vorgeschichte, dass es immer schon mehr Rechtshänder gegeben hat.

DER SELTSAME SINN

Der Geruchssinn ist sowohl der unterschätzteste als auch der geheimnisvollste unserer Sinne. Wir wissen zwar, dass »Empfänger« in unserer Nase (sogenannte Geruchsrezeptoren) auf »Duftteilchen« (Moleküle) reagieren – was wir aber nicht wissen, ist, warum das menschliche Gehirn so viele verschiedene Gerüche erkennen und zuordnen kann, und warum der Geruchssinn von Mensch zu Mensch unterschiedlich ist.

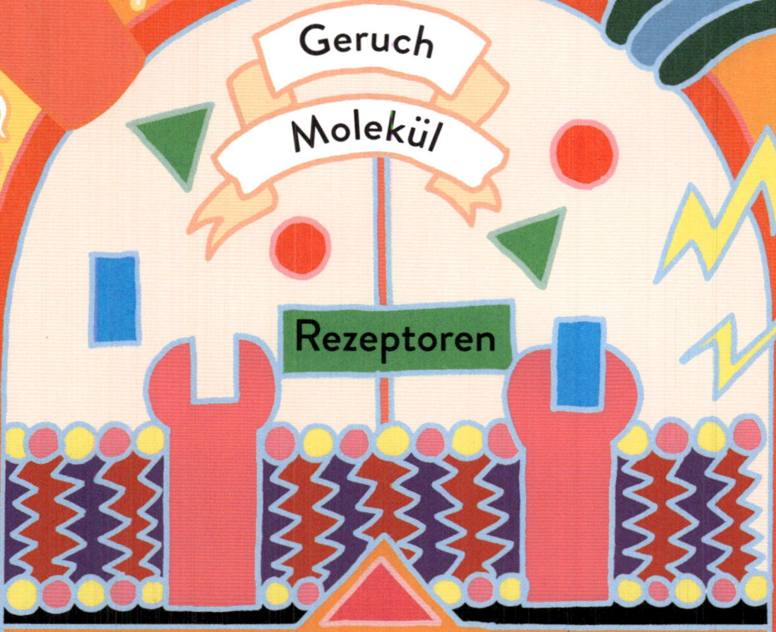

Hat Geruch eine Form?

Manche Forschende glauben, dass wir deshalb riechen können, weil jedes Duftmolekül eine andere Form hat und zu einem bestimmten Geruchsrezeptor in unserer Nase passt. Wenn die beiden zusammenpassen, sendet der Duftrezeptor dem Gehirn Signale. Andere rümpfen über diese Theorie aber die Nase, weil es offenbar sehr ähnlich geformte Duftmoleküle gibt, die völlig unterschiedlich riechen. So unterscheiden sich die Duftmoleküle von frisch gemähtem Gras kaum von denen fauliger Eier.

Und warum gibt es in unserer Nase nur ungefähr 350 bis 400 unterschiedliche Duftrezeptoren, obwohl wir doch fast unendlich viele verschiedene Gerüche wahrnehmen und zuordnen können?

Warum ist Duft so schwer zu erforschen?

Das hängt unter anderem mit der riesigen Zahl und Verschiedenartigkeit der Duftmoleküle zusammen. Eine Erdbeere besteht zum Beispiel aus 350 verschiedenen Stoffen, manche Kaffeesorten aus über 800! Wir wissen nicht, was all diese Stoffe zum Geruch beitragen oder warum Nase und Gehirn dann sagen: »Erdbeere!«, oder: »Kaffee!«.

Farben riechen

Manche Menschen haben sehr ungewöhnliche Sinneswahrnehmungen: Sie können zum Beispiel Farben oder Klänge riechen – man nennt das Synästhesie. Unklar ist, warum sie das können. Sind es bestimmte Gene oder doch etwas aus der frühen Kindheit? Hat sich hier das Gehirn anders entwickelt, oder haben bestimmte Gehirnzellen zu viele (oder nicht genug) Verbindungen geknüpft?

Wie viele Gerüche nehmen wir wahr?

Die kurze Antwort: Man weiß es nicht. Die einen sagen: etwa zehntausend, die anderen: eine Billion (1.000.000.000.000). Wenn du eine Billion Gerüche riechen wolltest – einen pro Sekunde –, dann bräuchtest du dafür 31.709 Jahre und neun Monate!

KANN DER BLINDDARM IRGENDWAS?

Der Blinddarm ist ein kleiner, schlauchartiger Beutel am Dickdarm, ein bisschen wie eine Sackgasse, die von einer Hauptstraße abzweigt. Lange hielt man ihn für ein Rudiment: einen Körperteil, der seine Funktion verloren hat. Wir Menschen haben viele Rudimente, etwa die Muskeln, mit denen man mit den Ohren wackeln kann!

An den Blinddarm denken die meisten Leute nur dann, wenn er entfernt werden muss. Nach der Operation merkt man nicht wirklich einen Unterschied – wofür soll er also gut gewesen sein? Mittlerweile aber nehmen Forschende den Blinddarm durchaus ernst.

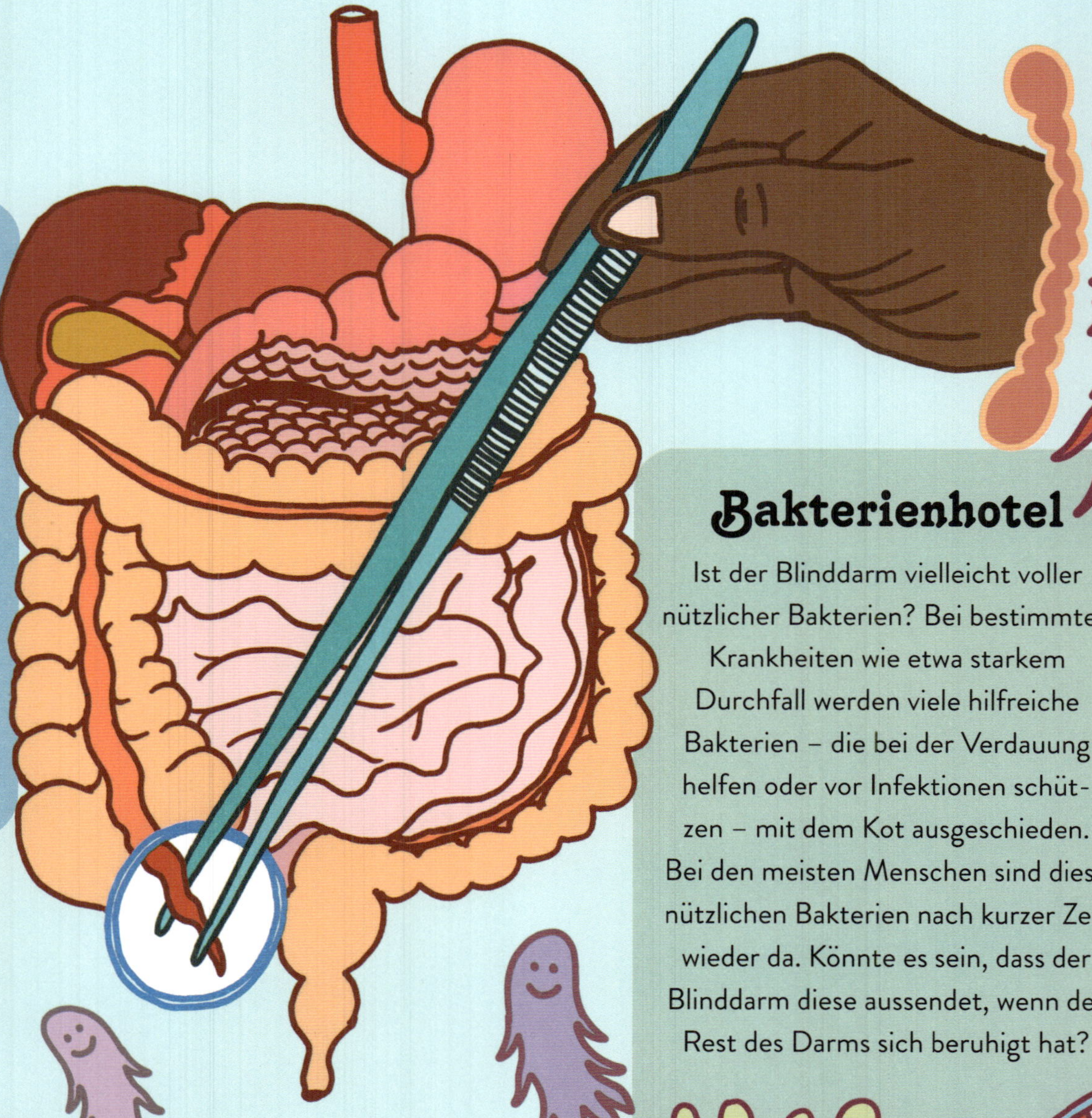

Abwehrtrainer

Es könnte sein, dass der Blinddarm etwas mit dem Immunsystem zu tun hat. Vielleicht trainiert er bereits im Mutterleib die weißen Blutkörperchen des Babys, damit sie früh lernen, schädliche von nützlichen Bakterien zu unterscheiden.

Bakterienhotel

Ist der Blinddarm vielleicht voller nützlicher Bakterien? Bei bestimmten Krankheiten wie etwa starkem Durchfall werden viele hilfreiche Bakterien – die bei der Verdauung helfen oder vor Infektionen schützen – mit dem Kot ausgeschieden. Bei den meisten Menschen sind diese nützlichen Bakterien nach kurzer Zeit wieder da. Könnte es sein, dass der Blinddarm diese aussendet, wenn der Rest des Darms sich beruhigt hat?

WARUM BEKOMMEN WIR SCHLUCKAUF?

Jeder hat mal Schluckauf – sogar ungeborene Babys. Der Amerikaner Charles Osborne hatte sogar 68 Jahre lang, von 1922 bis 1990, ununterbrochen Schluckauf!

Wir wissen, wie Schluckauf funktioniert: durch einen Krampf des Zwerchfells. Das Zwerchfell ist ein Muskel unterhalb der Lunge. Wenn er sich nach unten zieht und verkrampft, zieht die Lunge zwischen den eigentlichen Atemzügen Luft ein. Dadurch verschließt sich oben der Kehldeckel (der eigentlich dafür da ist, zu verhindern, dass Nahrung oder Flüssigkeit in die Luftröhre gelangt). Wenn er zuschnappt, entsteht das Hicks-Geräusch.

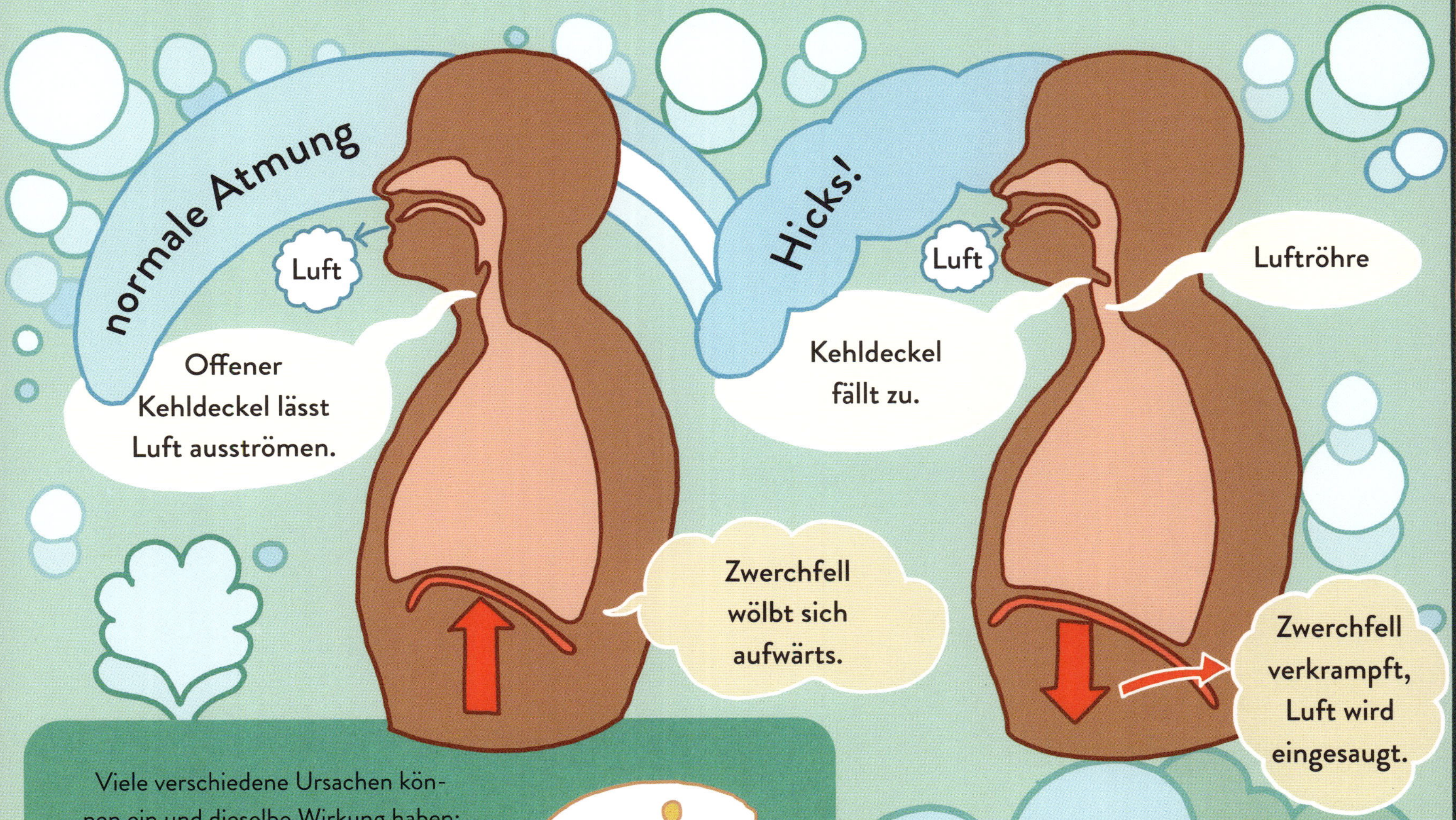

Viele verschiedene Ursachen können ein und dieselbe Wirkung haben: Schluckauf. Aber warum? Wir wissen nicht, warum sich das Zwerchfell plötzlich verkrampft, und auch nicht, warum Schluckauf meist nur wenige Minuten, manchmal aber auch Tage oder Wochen anhält (oder, aber das ist *sehr* selten, mehrere Jahre).

Mögliche Auslöser

- Stress
- Aufregung
- kohlensäurehaltige Getränke
- manchmal durch Krankheiten

EIN GEDÄCHTNIS WIE EIN COMPUTER?

Dein Gedächtnis brauchst du ständig, um dich an Namen, Gesichter oder Erlerntes zu erinnern. Neurowissenschaftler und Neurowissenschaftlerinnen gehen davon aus, dass Erinnerungen nicht in einer einzigen Hirnregion gespeichert werden, sondern im gesamten Gehirn, das 86 Milliarden *Neuronen* (Gehirnzellen) enthält.

Wer ist der Boss?

Heute geht man davon aus, dass Erinnerungen in den Verbindungen zwischen den Neuronen – den Synapsen – gespeichert werden. Jedes Neuron kann Zehntausende Verbindungen bilden. Das schafft viel Speicherplatz! Doch was bestimmt, wo einzelne Erinnerungen abgelegt und wie sie auf die Synapsen verteilt werden? Viel spricht für den *Hippocampus* – eine riesige Aufgabe für diese kleine Gehirnregion.

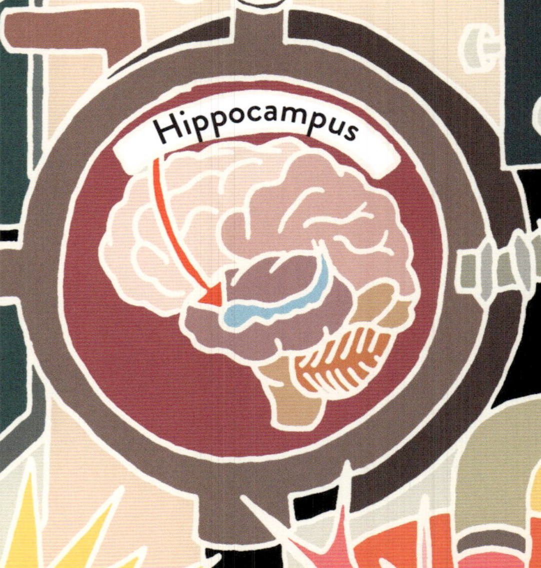

Speichern – aber wie?

Wie aber *bleiben* die Erinnerungen in diesen Verbindungen? Müssen wir uns das eher »chemisch« oder eher »elektrisch« vorstellen? Und falls »elektrisch«: Wie sollen Spannungsveränderungen die unendlich vielschichtigen Gefühle beschreiben, die man für andere Menschen hat? Und wie ist es möglich, dass gleich starke Spannungen in verschiedenen Teilen des Gehirns völlig unterschiedliche Erinnerungen speichern? Es raucht einem der Kopf ...

30 Sekunden

Sinneseindrücke verbleiben etwa 30 Sekunden im Kurzzeitgedächtnis. Alles, womit sich unser Gehirn näher beschäftigt, kommt ins Langzeitgedächtnis. Das Kurzzeitgedächtnis kann sich nur mit vier bis sieben Dingen auf einmal beschäftigen – wir wissen nicht, wie es zurechtkommt, wenn zu viel auf uns einprasselt. Übersehen wir hier ein wichtiges Puzzlestück, was »erinnern« betrifft?

Aufräumen und überschreiben

Dein Gehirn räumt regelmäßig auf und aktualisiert zuvor Abgespeichertes. Es kann Synapsen kappen, um nicht mehr Benötigtes zu entfernen. Das nennt man Synapseneliminierung. Oder frühere Erinnerungen überschreiben, indem es Informationen aus der Gegenwart einfügt. Deshalb können sich manche Leute zwar gut an einen Geburtstag in ihrer Kindheit erinnern, sehen ihre Gäste aber so, wie sie heute aussehen.

Perfektes Gedächtnis?

Warum sind so viele unserer Erinnerungen lückenhaft? Wurde die Erinnerung fehlerhaft abgespeichert? Oder wurden die Synapsen, in denen sie lagerte, beschädigt? Zerstört dein Gehirn bei Aufräumarbeiten andere Erinnerungen, oder ist es einfach nur überfordert und speichert eben nur so viel, wie es kann?

Auf so viele faszinierende Fragen rund um unser Gehirn wissen wir immer noch keine Antworten.

WAS IST EIN DÉJÀ-VU?

War dir schon einmal, als hättest du etwas bereits erlebt? Unbekannte Menschen, Orte oder Situationen, die dir überraschend vertraut vorgekommen sind? Dieses eigenartige Gefühl bezeichnet man als »Déjà-vu«. Das ist französisch und bedeutet »bereits gesehen«. Studien zufolge sind Déjà-vus bei 15- bis 25-Jährigen am häufigsten.

Gedächtnisfehler

Déjà-vus könnten Fehler beim Abspeichern sein, die in den *Schläfenlappen* – die ebenfalls mit dem Erinnern zu tun haben – passieren. Manchmal haben Gehirnzellen auch »Fehlzündungen«, und etwas Neues kommt dir dadurch wie etwas Bekanntes aus der Vergangenheit vor – dein Gehirn glaubt also, das gerade Erlebte wäre eine Erinnerung. Für diese »Panne« gibt es bisher noch keine wissenschaftliche Erklärung.

Perfektes Zusammenspiel?

Das Gehirn besteht aus einer rechten und einer linken Hälfte *(Hemisphäre)*, die sich die Arbeit teilen. Sie sind durch ein dickes Bündel Nervenstränge – den *Gehirnbalken* – miteinander verbunden. Möglicherweise führt eine Art »Stau« im Gehirnbalken dazu, dass etwas, das man erlebt, zweimal »ankommt« – erst in der einen, dann in der anderen Hälfte. Das könnte zumindest ein Teil der Erklärung dafür sein, warum uns unser Gehirn manchmal sagt: »Schon mal erlebt.«

WAS IST DER PLACEBO-EFFEKT?

Ein Placebo ist ein Scheinmedikament, wie zum Beispiel eine Zuckerpille, die keinerlei Wirkstoffe enthält. Trotzdem werden manche Menschen davon gesünder – sie dürfen nur nicht wissen, dass sie kein richtiges Medikament bekommen haben. Dieses verblüffende Phänomen nennt man Placebo-Effekt.

Lange Zeit glaubte man, der Placebo-Effekt sei Einbildung: Allein der Gedanke ein helfendes Medikament zu nehmen, würde ein besseres Gefühl bei den Patienten auslösen. Sie achteten weniger auf ihre Beschwerden und versicherten glaubhaft, dass es ihnen besser gehe.

Neuere Studien aber zeigen, dass nach der Einnahme von Placebos im Körper messbare Veränderungen stattfinden können. So verbesserte sich der Herzrhythmus und der Blutdruck von Patienten mit Herzproblemen tatsächlich nach der Einnahme von Placebos. Man kann es nicht oft genug sagen: *Es finden wirkliche körperliche Veränderungen statt.* Warum das so ist, bleibt ein Rätsel. Seine Lösung könnte einen großen Fortschritt in der Medizin bedeuten!

WARUM TRÄUMEN WIR?

Wenn du die Augen schließt und einschläfst, weißt du nie, auf welche Reisen dein Gehirn dich schicken wird. Teenager und Erwachsene haben etwa vier bis sechs Träume pro Nacht, Kinder unter zehn sogar mehr. Träume können furchtbar albern sein oder sich verblüffend echt anfühlen. Manche sind herrlich, andere sind gruselig. Aber warum träumen wir überhaupt?

Bestandsaufnahme

Einer Theorie zufolge erholen sich Körper und Hirn im Schlaf nicht nur, sondern machen eine Art »Bestandsaufnahme«. Das Gehirn verarbeitet Informationen, speichert alles Wichtige ab und stellt Verbindungen zwischen einzelnen Gedanken und Ereignissen her.

Aufräumaktion

Vielleicht entstehen Träume, weil das Gehirn die Gedanken und Ereignisse des vergangenen Tages sortiert und dabei entscheidet, was abgespeichert werden soll und was weg kann. Könnten uns unsere Träume Einblick darin geben, was behalten und was entsorgt wird?

Unschöne Begegnungen

Manche Leute glauben, dass unangenehme Träume, in denen man abstürzt, verfolgt wird oder kämpfen muss, eine Art Training sind – dass dich die Träume also auf mögliche Gefahren vorbereiten. Aber könnte es dir wirklich passieren, auf dem Schulweg von einem Monster verfolgt zu werden?

Heilsamer Schlaf

Vielleicht hilft uns unser Gehirn im Schlaf, mit den Gefühlen und Sorgen des Tages zurechtzukommen. Könnte es sein, dass unser Gehirn, während wir schlafen, besser in der Lage ist, schöne und weniger schöne Gefühle zu verstehen und uns Zusammenhänge aufzuzeigen?

Weitere Theorien

Zum Thema Träumen gibt es aber noch viel mehr Theorien! Es heißt, Träume regen die Kreativität an und helfen uns, im Schlaf knifflige Probleme zu lösen. Vielleicht aber dienen sie auch nur dazu, das Gehirn zu beschäftigen, damit es nach dem Aufwachen gleich »voll da« ist. Einer anderen Theorie zufolge träumen wir, um zu vergessen. Sie besagt, dass wir im Traum einige Verbindungen zwischen abgespeicherten Erinnerungen durchtrennen. So kommt Ordnung in den Kopf und wir können uns an Wichtiges besser erinnern.

WARUM ZUCKEN WIR BEIM EINSCHLAFEN?

Ist es dir schon einmal passiert, dass du während des Einschlafens das Gefühl hattest zu fallen, und dann deine Beine oder dein Oberkörper gezuckt haben? Diese Bewegungen entstehen durch ein plötzliches Zusammenziehen der Muskeln. Doch was dieses »Einschlafzucken« auslöst, bleibt ein Rätsel.

Wenn du einschläfst oder in eine tiefere Schlafphase eintrittst, entspannen sich Muskeln und Atmung. Möglicherweise versteht dein Gehirn dies als ein Zeichen dafür, dass du fällst, und alarmiert den Körper. Eine andere Ursache könnte der »Lagewechsel« vom Stehen oder Sitzen zum Liegen sein. Allerdings erklärt das nicht, warum auch Menschen zusammenzucken, die im Sitzen schlafen.

WARUM WERDEN WIR ROT?

Weil wir verlegen oder nervös sind? Ein schlechtes Gewissen haben? Jedenfalls sind wir die einzigen Primaten, die erröten. Die wissenschaftliche Erklärung: Dein Körper schüttet ein Hormon namens *Adrenalin* aus, woraufhin der chemische Botenstoff *Adenylylcyclase* die Blutgefäße im Gesicht veranlasst, sich zu weiten. In der Folge fließt mehr Blut hindurch – und wir bekommen die verräterischen roten Wangen.

Wissenschaftler werden jedoch gerne rot, wenn man sie fragt, *woher* das kommt oder *warum* das jemals nützlich gewesen sein soll. Erleichterte es dem frühen Menschen die Verständigung – ähnlich wie Lächeln oder Stirnrunzeln? Oder war es ursprünglich eine Geste der Unterwerfung? Wenn Wölfe sich unterwerfen, legen sie sich auf den Rücken. Sie tun das *bewusst* – im Gegensatz zu uns, wenn wir erröten. Welchem Zweck könnte es also gedient haben?

Wenn ein Wolf sich einem anderen unterwirft, rollt er sich auf den Rücken, sodass die empfindlichsten Stellen seines Körpers ungeschützt sind. Dadurch sagt er dem Gegner: »Ich ergebe mich.«

SO KANN MAN SICH TÄUSCHEN …

Wir sehen mit den Augen *und* dem Gehirn. Wir nehmen die Bilder über unsere Augen auf, aber erst das Gehirn verleiht ihnen Sinn. Allerdings lässt sich das Gehirn auch austricksen, etwa durch optische Täuschungen. Warum manche Trugbilder funktionieren, kann die Wissenschaft erklären. Bei anderen jedoch ist sie ratlos …

Hut ab!

Ist dieser Zylinder höher als breit oder breiter als hoch? Neun von zehn Leuten halten ihn für höher. Miss nach, und du wirst feststellen, dass er genauso hoch wie breit ist.

Bögen oder Zickzack?

Schau dir die Linien im grauen Teil des Bilds an. Viele von ihnen wirken wie Zickzack, obwohl alle aus Bögen bestehen. Dieses von dem japanischen Forscher Kohske Takahashi erdachte Trugbild trickst das Gehirn aus, das beim Erfassen von Gegenständen nach Ecken Ausschau hält.

Schräge Kacheln

Diese Kachelreihen verlaufen *sehr* schräg … oder? Nimm dir ein Lineal und lass dich überraschen. Was ist da los?

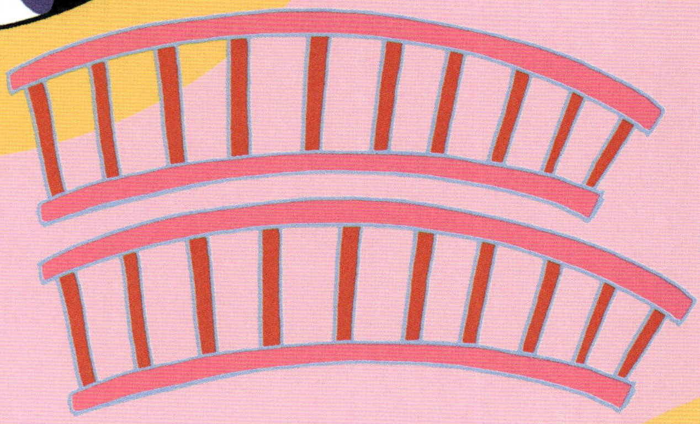

Drehende Scheiben

Wenn du auf diese Scheiben starrst, kommt es dir vor, als würden ein paar davon sich drehen – was sie natürlich nicht tun. Einige sehen den Grund darin, dass das Gehirn die hellen Teile des Bilds schneller verarbeitet als die dunklen. Einer anderen Theorie zufolge liegt es an den winzigen Bewegungen, die deine Augen beim Betrachten machen. Was meinst du?

Das Gleisrätsel

Welches Schienenstück ist größer? Doofe Frage, oder? Nein, denn die beiden sind tatsächlich genau gleich groß. Warum wir uns hier täuschen lassen, wird auf vielerlei Weisen erklärt: Interpretiert unser Gehirn hier ein flaches Bild (zu) »räumlich«? Lässt die kürzere, untere Seite der oberen Schiene unser Gehirn glauben, dass die obere Seite der unteren Schiene länger sei, als sie tatsächlich ist? Bisher konnten sich die Experten auf keine Erklärung einigen.

EIGENARTIGE ERDE

AUFS GLATTEIS GEFÜHRT

Reibung entsteht, wenn sich die Oberflächen von Gegenständen berühren und gegeneinander bewegen. Reibung erzeugt Wärme und kann Bewegungen bremsen.

Mit dem Eis hat die Wissenschaft nach wie vor so ihre Probleme. Einige der vielen Fragen: Warum genau ist es so glatt? Und warum kann ein Eisläufer mühelos über eine Eisfläche gleiten, selbst wenn sie uneben ist, aber nicht über andere, glattere Oberflächen? Was ist an Eis so besonders?

Unter Druck

Über ein Jahrhundert lang hielt sich die Theorie, dass das Eis unter dem Druck des dahingleitenden Schlittschuhs schmilzt. Dadurch soll angeblich auf dem Eis eine dünne Wasserschicht entstehen, die die Reibung verringert und die Eisoberfläche rutschig macht.

Das hört sich gut an. Tatsächlich aber verringert Wasser die Reibung nur wenig, und außerdem braucht es viel Druck, um Eis zu schmelzen. Versuche zeigten, dass der Druck unter den Schlittschuhen einer 60 kg schweren Eisläuferin das Eis nur um 0,02 °C erwärmt. Nicht genug, um Eis zu schmelzen und eine rutschige Schicht entstehen zu lassen.

Reibung gegen Reibung?

Könnte Reibung sich selbst aufheben? Klingt verrückt – ist aber laut einer anderen Theorie durchaus eine Möglichkeit. Die Schlittschuh-Kufen erzeugen durch Bewegung Reibung, die Wärme erzeugt. Dadurch schmilzt das Eis und es entsteht eine Wasserschicht. All das mag erklären, warum Eis rutschig ist, wenn man sich darüber bewegt, es erklärt aber nicht, warum es rutschig bleibt, wenn man steht.

Eisige Würfel

Der englische Naturwissenschaftler Michael Faraday entdeckte vor 170 Jahren durch Zufall, dass aufeinandergestapelte Eiswürfel zusammenfrieren. Faraday nahm an, dass die äußerste Eisschicht wässrig ist und erst durch Kontakt mit einem weiteren Eiswürfel gefriert.

Diese Idee stieß auf wenig Gegenliebe – bis man dann auf Röntgenbildern sah, dass Eis von einer unglaublich dünnen Schicht von Wassermolekülen bedeckt ist. Weil sie so dünn ist, verhalten sich die Wassermoleküle in ihr anders, als gewohnt: Sie bewegen sich frei und bilden eine rutschige Oberfläche.

Bei einem Maßstab
von 1 cm = 100 m
ist die gesamte
britische Küste über
17.000 km lang.
Bei 1 cm = 50 km kommt
man auf eine Küstenlänge
von nur 3.400 km.
Bei einem Maßstab
von 1 cm = 100 km misst sie
nur noch ungefähr 2.800 km.

CHAOTISCHE KÜSTEN

Wir sind inzwischen ziemlich gut darin, Dinge auszumessen. Wir können die Entfernung zwischen Städten bestimmen, kennen die genaue Höhe von Bergen und wissen sogar, wie weit der Mond von der Erde weg ist. Eine Art von Messungen aber übersteigt unsere Möglichkeiten: das Vermessen von Küsten. Das Problem: Je genauer man hinschaut, desto länger werden sie!

Küsten sind voller Kanten und Kurven. Misst man die Länge einer Küste anhand einer Karte mit kleinem Maßstab, auf der zum Beispiel 1 cm auf der Karte 100 km Land entspricht, fällt weniger auf, wie zerklüftet die Küste ist. Ist der Maßstab jedoch größer, sodass zum Beispiel 1 cm auf der Karten 100 m Land entspricht, sieht der Küstenverlauf schon viel unregelmäßiger aus.

Je näher man herankommt, desto chaotischer die Küste: Ein 20 m langer Küstenabschnitt kann auf der Karte ganz gerade aussehen. Steht man aber selbst dort, sieht man plötzlich nur noch unregelmäßige Felsvorsprünge und Ähnliches. Und eine Messung mit dem Maßband würde ergeben, dass die Küste wesentlich länger als 20 m ist. Eine genaue Messung wäre nur auf Molekülebene möglich ...

WIE ENTSTEHEN TORNADOS?

Tornados sind sich schnell drehende Luftsäulen, die sich meist nach wenigen Minuten wieder auflösen. Dafür treten sie sehr plötzlich auf und können sehr zerstörerische Auswirkungen haben. Aus den USA weiß man, dass sich ein Tornado oft nur zehn Minuten, bevor er »da« ist, ankündigt. Das ist zu wenig Zeit, um alle in Sicherheit zu bringen.

Tornados bilden sich meist in einer bestimmten Art von Gewittern, die man *Superzellen* nennt. Superzellen enthalten ***Mesozyklone***. Das sind große, dichte, wirbelnde Luftmassen, die sich manchmal, aber nicht immer, in Tornados verwandeln. Manche Experten glauben, dass sich innerhalb des Gewitters etwas auf mikroskopischer Ebene abspielt, das schließlich zur Bildung dieses wirbelnden »Luftschlauchs« führt, der bis zur Erde reicht. Andere sind der Meinung, dass Tornados unten am Boden als kleine Wirbelwinde beginnen, die dann von der darüberliegenden Superzelle vergrößert und beschleunigt werden.

WARUM BLITZT ES?

Ein Blitz ist nichts anderes als eine gewaltige elektrische Entladung. Gewitterwolken enthalten elektrische Ladungen, die positiv oder negativ sein können. Wir wissen, dass es »blitzt«, wenn sich in Gewitterwolken negative elektrische Ladungen aufbauen und von positiven Ladungen angezogen werden, die sich entweder innerhalb derselben Wolke, in anderen Wolken oder am Boden befinden.

Diese Erklärung reicht aber leider nicht aus. Forschende haben nachgewiesen, dass die elektrische Ladung einer Gewitterwolke alleine nicht stark genug ist, einen Blitz auszulösen. Manche nehmen an, dass innerhalb der Wolke Millionen von Partikel gegeneinanderstoßen, sich dadurch elektrisch aufladen und so zur Bildung eines Blitzes beitragen. Andere glauben, dass es bei Gewittern Hilfe aus dem Weltraum gibt. In sich zusammengefallene Sterne und andere Himmelskörper geben hochenergetische Teilchen ab, die sogenannte kosmische Strahlung. Sobald diese in Kontakt mit der Erdatmosphäre kommt, könnte sie zum Aufbau der gigantischen elektrischen Aufladung beitragen, die für einen Blitz nötig ist.

WENN DIE ERDE BEBT

Die Erdkruste besteht aus riesigen Gesteinsplatten, die wir tektonische Platten nennen. Diese bewegen sich sehr langsam – nur einige Zentimeter pro Jahr –, dafür aber mit enormer Kraft. Wenn sie aneinanderreiben, baut sich in ihren Gesteinsschichten Energie auf. Erdbeben sind das plötzliche Freiwerden eines Teils dieser Energie, die sich in seismischen Wellen durch den Boden ausbreitet und furchtbare Schäden anrichten kann.

Wie können wir Erdbeben vorhersehen?

Leider gar nicht! Zwar wissen wir, was sie verursacht, aber wir wissen vorher nie, wann das nächste kommt. Auch das Eingraben von Sensoren im Boden hilft da nicht viel weiter. Ein Grund für dieses Problem ist, dass viele Erdbeben in bis zu 700 km Tiefe beginnen. In dieser Tiefe können wir keine Messungen vornehmen.

Wie bewegen sich tektonische Platten?

So genau weiß das niemand, aber es gibt ein ziemliches Hin und Her, was Theorien dazu betrifft. Wenn wir die Antwort auf diese Frage wüssten, könnten wir Erdbeben vielleicht rechtzeitig vorhersagen.

Was sind Himmelsbeben?

Das laute, ferne Donnern am Himmel wird nicht von Erdbeben verursacht, bringt aber trotzdem manchmal den Boden zum Beben. Einige machen Überschallflugzeuge für das Donnern verantwortlich. Andere glauben, dass ferne Gewitter oder Sprengungen in Steinbrüchen die Ursache dafür sind. Allerdings hört man Himmelsbeben auch dann, wenn weder gesprengt wird, noch ein Gewitter tobt. Uns sind sie seit dem 19. Jahrhundert bekannt, als es noch keine Überschallflugzeuge gab. Also ist keine dieser Erklärungen so richtig befriedigend.

Eine tektonische Platte reibt gegen eine andere.

Konvektionsströme

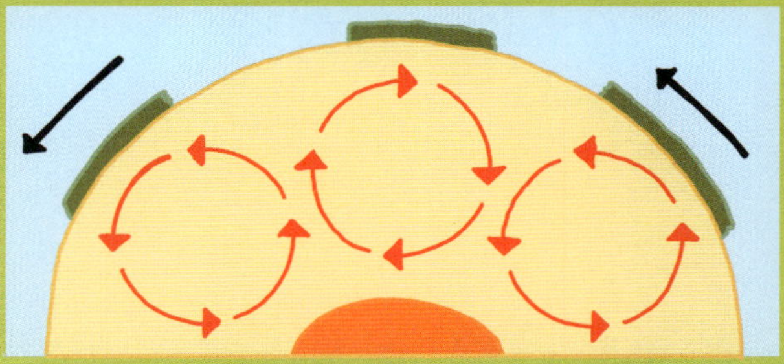

Unter der Erdkruste liegt der Erdmantel. Er ist warm, weil Hitzeströme ihn durchfließen. Diese Ströme könnten die auf ihnen aufliegenden tektonischen Platten in Bewegung halten, ähnlich einem riesigen Fließband.

Plattenzug

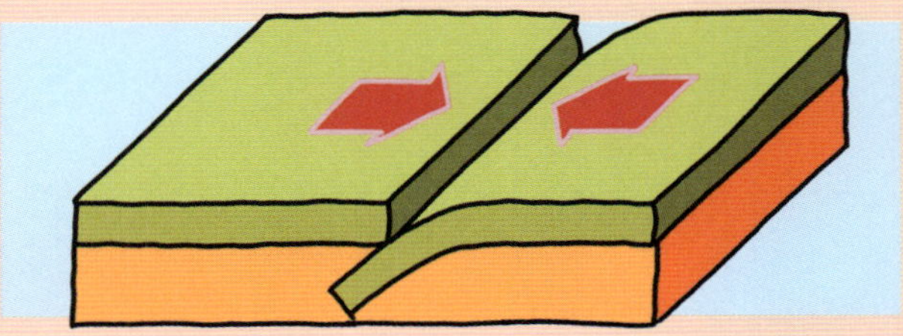

Beim Aufeinandertreffen zweier Platten schiebt sich eine unter die andere. Die Vorderkante der unteren Platte ist kühler als der Mantel – sie sinkt weiter ein und zieht die übrige Platte mit.

Rückendruck

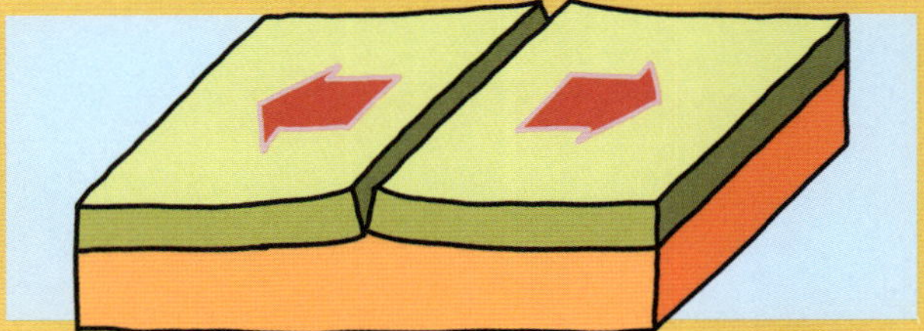

In dieser Theorie geht es nicht um Ziehen, sondern um Schieben/Drücken: Vom Erdmantel aufsteigendes geschmolzenes Gestein – *Magma* – drückt die Platten auseinander.

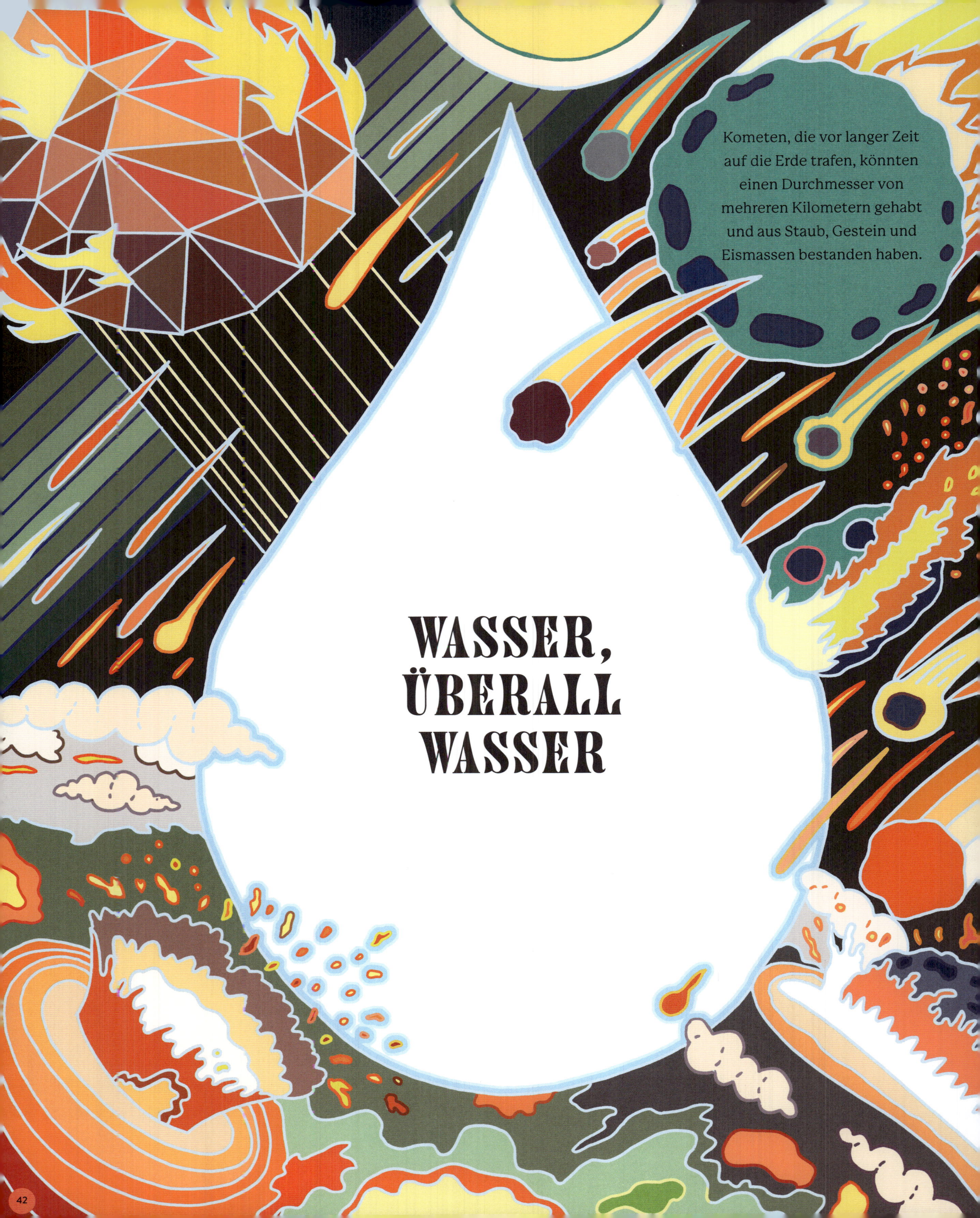

WASSER, ÜBERALL WASSER

Kometen, die vor langer Zeit auf die Erde trafen, könnten einen Durchmesser von mehreren Kilometern gehabt und aus Staub, Gestein und Eismassen bestanden haben.

Wasser (H_2O) ist lebensnotwendig. Es bedeckt 70 Prozent der Erdoberfläche. Weiteres Wasser ist in Form von Grundwasser oder von Gletschern und Eisdecken gespeichert. Noch haben Astronominnen und Astronomen keinen zweiten Planeten gefunden, der über derartig viel Wasser verfügt. Aber wo kommt all unser Wasser eigentlich her?

Es war schon immer da

Manche glauben, das Wasser ist auf der Erde, seit es die Erde gibt. Unser Planet bildete sich aus Teilen des aus Staub und Gas bestehenden solaren *Urnebels*. Vielleicht enthielt dieser auch Eis, das dann auch Teil der Erde wurde und später Flüsse, Seen und Meere hervorbrachte.

Feuchter Mantel

Auch andere sehen den Ursprung des Wassers im solaren Urnebel. Sie meinen, dass das Urgestein der Erde ein Gas – Wasserstoff – in sich eingeschlossen hatte. Zusammen mit sauerstoffreichen Mineralien wurde der Wasserstoff im Erdmantel gespeichert. Aus Wasserstoff und Sauerstoff entstand später Wasser.

Fremde Hilfe

Einer weiteren Theorie zufolge war unser junger Planet anfangs zu heiß, um Wasser zu speichern. Deshalb müsse das Wasser später in Meteoriten und Asteroiden aus dem All zur Erde gelangt sein. *Kohliger Chondrit*, ein Weltraumgestein, hat einen Wasseranteil von bis zu 20 Prozent.

Schmutzige Schneebälle

Sehr wahrscheinlich wurde die Erde in ferner Vergangenheit von vielen Eiskometen getroffen, und es ergibt Sinn, hier die Quelle unseres Wassers zu vermuten. *Aber:* Die Untersuchung einiger Kometen zeigt, dass deren Eis chemisch etwas anders zusammengesetzt ist als »unseres«. Die Zusammensetzung des Eises auf frühen Kometen kennen wir aber natürlich nicht.

Verborgenes Wasser

Manche Fachleute gehen davon aus, dass tief im Erdmantel ein Gestein namens Ringwoodit Wasser umschließt. Dieses Wasser könnte ebenfalls aus dem solaren Urnebel stammen oder von Asteroiden, die mit so viel Wucht aufschlugen, dass sie sich in den Erdmantel bohrten.

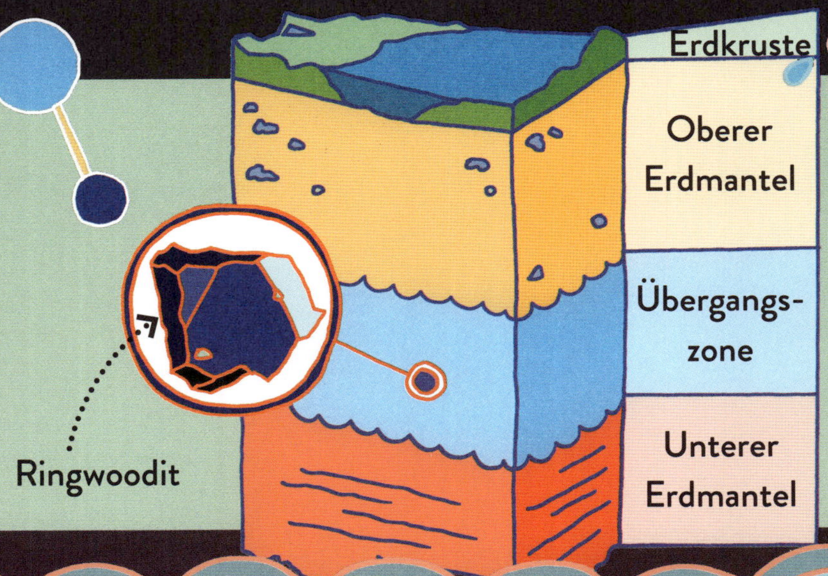

VON POL ZU POL

Wusstest du, dass der magnetische Nordpol der Erde vor 780.000 Jahren der magnetische Südpol war? Der Kompass eines Zeitreisenden, der so weit zurückreist, würde also nach Süden zeigen! Diese Umkehrung hat bereits Hunderte Male stattgefunden. In den letzten 20 Millionen Jahren haben die magnetischen Pole ungefähr alle 200.000 bis 300.000 Jahre gewechselt. Aber warum in aller Welt tun sie das?

Der äußere Erdkern besteht aus Eisen und Nickel in flüssigem Zustand. Er bewegt sich – wodurch das Erdmagnetfeld entsteht, das uns vor schädlichen Strahlungen aus dem Weltraum schützt. Die Bewegung des Erdkerns beruht auf dem Zusammenspiel verschiedener Kräfte, und Störungen dieser Kräfte könnten die Ursache für die Umkehrung des Magnetfelds sein. Da wir aber nicht in über 2.900 km Tiefe bis zum äußeren Erdkern hinunterbohren können (die bisher tiefste Bohrung gelang bis in 12,26 km Tiefe – es blieben also noch weitere 2.887 km!), können Forschende nicht sicher sagen, was der Grund für das Verhalten der magnetischen Pole ist.

Die Erde setzt sich, ein bisschen wie eine Zwiebel, aus Schalen zusammen: die dünne Erdkruste außen, darunter der Erdmantel, dann der flüssige äußere Kern und der innere Kern aus Eisen und Nickel.

WIE ENTSTAND DER PATOM-KRATER?

Ein seltsames Gebilde, das wie ein Adlernest mit einem Ei in der Mitte aussieht, wurde 1949 in einem sibirischen Wald entdeckt. Es hat einen Durchmesser von etwa 150 m, ist 40 m hoch und besteht aus Kalkgesteinsbrocken. Das »Ei« in seiner Mitte ist etwa 12 m hoch. Zur Entstehung der seltsamen Formation gibt es viele Theorien. Ist sie das Ergebnis eines geheimen Atomversuchs, oder fand hier eine naturbedingte Erdgasexplosion statt?

Auch ein Vulkanausbruch könnte sie hervorgebracht haben – allerdings ist die Gegend eigentlich kein Vulkangebiet. Ein Meteoriteneinschlag wäre eine weitere mögliche Ursache, aber man fand in der Umgebung keine Überreste von Meteoriten. Ob die Lösung dieses Rätsels wohl in großer Tiefe unter dem Krater verborgen sein könnte?

WAS FORMTE DIE MIMA-HÜGEL?

In einer Region des US-Bundesstaats Washington reihen sich Hunderte kleine, 30 bis 200 cm hohe und 3 bis 50 m breite Hügel aneinander. Für die Entstehung dieser ungewöhnlichen Landschaft gibt es viele Erklärungen, aber welche stimmt? Wurden hier Erde und Steine von einer gewaltigen Flut angespült oder von schmelzenden Gletschern hinterlassen? Hat der Wind die Hügel angehäuft, ähnlich wie er es mit Sanddünen macht?

Einige glauben, dort heimische Taschenratten haben die Hügel beim Bau ihrer Tunnel angehäuft. Eine Taschenratte lebt aber nur drei bis vier Jahre, und Computerberechnungen ergaben, dass die Entstehung jedes Hügels Hunderte von Jahren gedauert haben muss. Ein »Jahrhundertwerk« vieler Generationen von Taschenratten?

VORSICHT, LÜCKE!

Wenn Forschende sich das Alter der Gesteinsschichten des Grand Canyon ansehen, »fehlen« ihnen große Zeiträume von vielen Hundert Millionen Jahren.

Im Laufe der Erdgeschichte lagerten sich unterschiedliche Gesteinsschichten übereinander ab und bildeten so langsam die Landschaften, die wir heute kennen. An offen liegenden Felswänden kann man diese Schichten als unterschiedlich gefärbte Streifen erkennen. Geologinnen und Geologen untersuchen die Schichten, um ihr Alter herauszufinden (sie zu *datieren*), und stoßen dabei immer wieder auf seltsame »Zeit-Lücken« im Gestein.

»Fehlende« Schichten

Dieses Datieren der Gesteinsschichten (je weiter unten, desto älter) ist oft nicht so einfach, manchmal gibt es unerklärliche Sprünge – fast so, als würden in einem Buch Seiten fehlen. Dem Entdecker John Wesley Powell fehlten 1869 beispielsweise über eine Milliarde Jahre, als er sich das Alter der Gesteinsschichten des Grand Canyon in den USA näher ansah. Auch anderswo auf der Erde ist es ähnlich – die »Geschichte« der Gesteinsschichten ist unvollständig. Forschende nennen dieses felsige Rätsel »Große Unkonformität«.

Schneeball Erde

Lange ging man davon aus, dass diese »Lücken« in der Geschichte der Steine vor 710 bis 640 Millionen Jahre entstanden. Zu dieser Zeit war die Erde fast vollständig von Eis bedeckt. Man spricht auch vom »Schneeball Erde«. Möglicherweise zerrieben die enorm schweren Eisschichten das Gestein zu Staub – und rissen damit viele Seiten aus der Geschichte.

Wind und Wasser

2021 fanden Forschende der Geologie heraus, dass in Colorado, USA, vor 1.000 bis 720 Millionen Jahren viele Gesteinsschichten durch Erosion vollständig verschwanden. Das war noch bevor die Erde zu einem Schneeball wurde. Das widerlegt die Schneeball-Erde-Theorie nicht, besagt aber, dass es noch andere Gründe für das Fehlen von Gesteinsschichten eines bestimmten Alters geben könnte. Auch Wind und Wasser könnten ihren Teil dazu beigetragen haben.

Das Ende eines Kontinents

Vor ungefähr einer Milliarde Jahren bildete sich ein Superkontinent, der fast alles Land der Erde in sich vereinigte: Rodinia. Im Laufe der folgenden 250 bis 300 Millionen Jahre spalteten sich Kontinente von ihm ab. Dieses Auseinanderbrechen könnte zu massiver Erosion und der Zerstörung von Gesteinsschichten geführt haben. Eine weitere Erklärung für die Große Unkonformität!

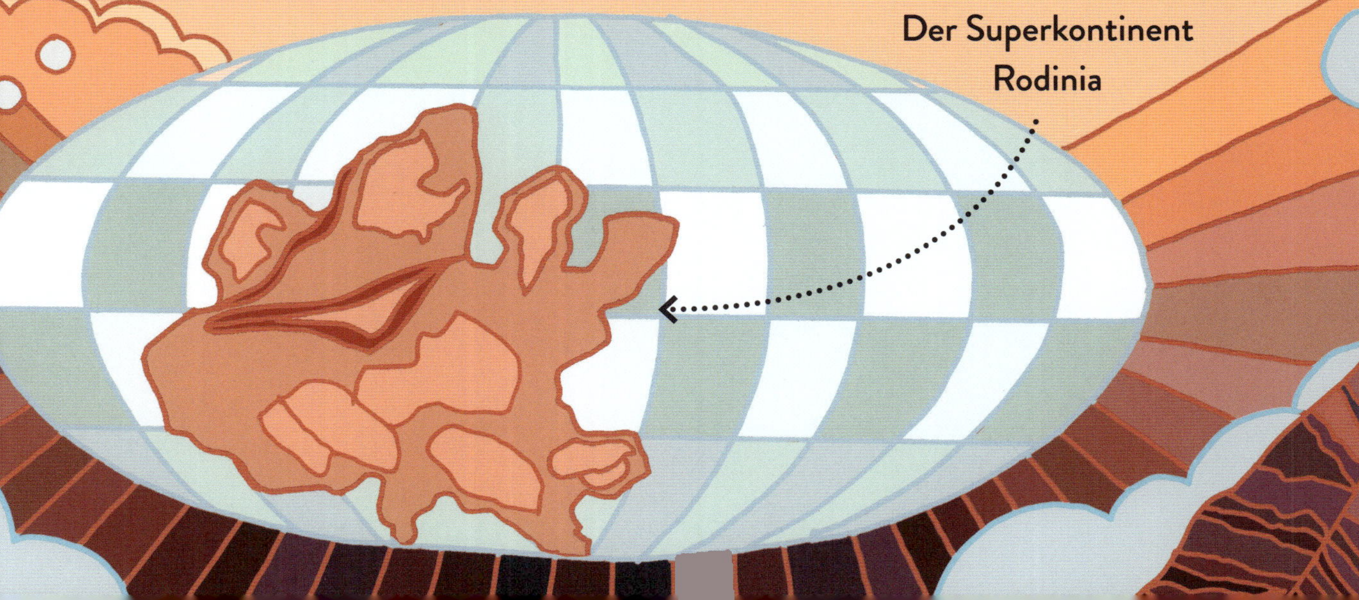

Der Superkontinent Rodinia

WUNDERBARE NATUR

WIE ENTSTAND DAS LEBEN?

Homo sapiens (das sind wir) trat erstmals vor etwa 300.000 Jahren auf. Das macht uns zu sehr, sehr jungen Erdbewohnern. Denn das Leben auf der Erde begann vor über 3,5 *Milliarden* Jahren. Sämtliche Lebewesen bestehen aus komplexen chemischen Verbindungen – wie etwa der DNA, die den »Bauplan« jedes Lebewesens enthält. Wie diese chemischen Stoffe entstanden und wie sich erstmals Leben bildete, das ist das größte ungelöste Rätsel von allen.

Die Ursuppen-Theorie

Viele glauben, dass das Leben infolge chemischer Reaktionen entstand. Aus Elementen wie Kohlenstoff, Sauerstoff und Wasserstoff entstanden Verbindungen wie Zucker und Säuren. Die Abläufe sollen alle im Wasser stattgefunden haben. Sie bildeten also eine Art »Suppe«, in der immer komplexere Substanzen entstanden – und irgendwann schließlich die ersten Lebewesen.

Nachschub aus dem All

Aber reichten wenige Hundert Millionen Jahre wirklich für die Bildung all dieser komplexen chemischen Verbindungen aus? Oder bekam unser Planet Hilfe von außen – aus dem All? Vielleicht brachten ja auf der Erde einschlagende Kometen oder Asteroiden diejenigen chemischen Stoffe mit, die für die Entstehung von Leben ausschlaggebend waren.

Außerirdisches Leben

Könnte das erste Leben auf der Erde auch vollständig aus dem Weltraum stammen? Diese Theorie nennt man *Panspermie*, und sie ist sehr umstritten. Einige wenige halten es aber für möglich, dass Bakteriensporen auf einem Meteoriten oder Kometen mitgeflogen sind und die Reise durchs All überlebt haben.

Wo hat alles begonnen?

Ein Rätsel bleibt auch, wo genau es zum ersten Mal Leben auf der Erde gab. Im Meer, meinen einige Forschende, und zwar in der Nähe von Rissen im Meeresboden, aus denen heißes Wasser aufsteigt. Ebenso könnten sich die ersten Lebewesen unter einer Eisdecke oder aber in mineralienreichen Teichen oder Tümpeln entwickelt haben, die von nahen Vulkanen erwärmt wurden.

EIN EXPLOSIVES GEHEIMNIS

Zwei Milliarden Jahre lang gab es auf der Erde nur winzige einzellige Organismen. Vor ungefähr 540 Millionen Jahren aber entstand plötzlich eine ungeheure Vielfalt von komplexen Lebewesen, von denen jedes über Millionen von Zellen verfügte. Diese sehr unterschiedlich aussehenden Wesen bevölkerten die Meere. Unter ihnen waren die ersten bekannten Muscheln und Quallen sowie die Vorfahren heutiger Krebstiere und Insekten. Dieses gigantische Aufblühen des Lebens bezeichnet man als *kambrische Explosion*. Aber was löste diesen Riesenschritt in der Evolution aus?

Eine wärmere Welt

Möglicherweise erblühte damals das Leben, weil sich um das Kambrium herum (vor 541 bis 485 Millionen Jahren) die Lebensbedingungen verbesserten. Zuvor hatte sich die Erde erst mal von ihrer Schneeballphase (siehe S. 49) erholen müssen. Vielleicht führten ein Anstieg der Temperaturen und des Meeresspiegels oder aber die Zunahme von Sauerstoffgehalt und Nährstoffen im Meer zu dieser Arten-Explosion.

Alles ändert sich!

Hatte sich etwas in den Genen der existierenden Lebewesen oder in ihrer Umgebung verändert? Vielleicht löste das Auftreten der ersten komplexen Arten eine Umwälzung der Nahrungsressourcen und einen Konkurrenzkampf ums Futter aus. Könnte dies eine Beschleunigung der Entwicklung der Arten zur Folge gehabt haben, die sich auseinanderentwickeln mussten, um fortbestehen zu können?

Zu weich für die Ewigkeit?

Forschende datieren Fossilien anhand des sie umgebenden Gesteins. Die meisten uns bekannten Fossilien stammen von Tieren mit harten Körperteilen wie Panzern und Knochen, weiches Gewebe versteinert normalerweise nicht. Das Kambrium war die erste Periode der Erdgeschichte, in der viele Arten mit harten Körperteilen lebten. Vielleicht hatte es vor dem Kambrium ja schon jede Menge Tiere mit weichen Körpern gegeben, von denen jedoch keine Fossilien zurückblieben.

Weggeschwemmt?

Und noch eine Theorie. Nämlich die, dass die kambrische Arten-Explosion gar keine war. War vielleicht etwas geschehen, das die Fossilien von komplexen Arten, die vor dem Kambrium die Erde bevölkerten, vernichtete? Könnten Megafluten oder Gletscher viele Fossilien aus der Zeit davor ausgelöscht haben?

Das größte Raubtier des Kambriums war *Anomalocaris* (»Ungewöhnliche Garnele«). Sie war 40 bis 60 cm lang, besaß große Stielaugen und vorne am Mund zwei Greifer.

WIE GROSS GENAU?

Kleiner als ein Huhn, länger als zwei Busse – Dinosaurier scheint es in allen Formaten gegeben zu haben. Und wir glauben alles über sie zu wissen. Dabei beruht ein Großteil dieses »Wissens« auf Vermutungen. Wie groß oder klein waren die Dinosaurier also tatsächlich?

Paläontologen und Paläontologinnen müssen gute Spürnasen sein, um etwas über das Leben in der Urzeit herauszufinden. Manchmal haben sie Glück und finden ein ganzes Skelett, meist müssen sie aber Größe und Aussehen eines Dinos aus oft winzigen Knochenstücken rekonstruieren. Mithilfe von Computermodellen und dem, was man schon über andere Dinosauriergattungen weiß, versuchen sie sich ein möglichst genaues Bild von dem zu machen, was sie da entdeckt haben. Könnten sie sich dabei auch irren?

Viele glauben, der größte bisher bekannte Dinosaurier sei Argentinosaurus, der angeblich über 30 m lang war. Tatsächlich aber wurden bisher nur einige Wirbel, ein Oberschenkelknochen und mehrere Rippen dieses Dinos gefunden. Was, wenn eines Tages ein vollständiges Skelett auftaucht, das anders aussieht, als die Forschenden vermuteten? Es könnte kürzer sein als angenommen. Oder vielleicht sogar noch länger? Und was ist mit *Supersaurus* oder *Patagotitan*, die ebenfalls Anwärter auf den Titel »größter Dinosaurier« sind? Vielleicht liegen die Antworten auf diese Fragen tief in der Erde verborgen, und wir müssen einfach nur weitergraben …

Argentinosaurus soll 30 bis 37 m lang und 60 bis 100 t schwer gewesen sein – also so schwer wie 10 bis 16 Afrikanische Elefanten.

2017 wurde im Westen Australiens ein 1,7 m langer Dinosaurier-Fußabdruck entdeckt. Das Tier, von dem er stammt, könnte einer der größten Dinos aller Zeiten gewesen sein, doch wir haben von ihm noch keine Fossilien gefunden.

MYSTERIÖSE DINOS

Dinosaurier faszinieren uns, seit wir vor Jahrhunderten angefangen haben, ihre Knochen auszugraben. Doch obwohl man in dieser Zeit schon eine Vielzahl Saurierknochen gefunden hat – und weiterhin fleißig gräbt –, gibt es immer noch sehr viel, was wir über diese herrlichen und mitunter Furcht einflößenden Tiere nicht wissen.

Welche Farben hatten sie?

Welche Farbe könnte *Velociraptor* gehabt haben? Ein stumpfes Grün? Braun? Dunkelrot-schwarz gestreift? Pink gefiedert? Tatsache ist, dass wir es nicht wissen. Leider liefern Fossilien nur sehr selten Hinweise auf das Aussehen und die Farbe der Haut. 2010 entdeckten Forschende Überreste eines *Anchiornis* mit leuchtend rotem Gefieder und die orangebraunen Federn eines *Sinosauropteryx*. Einige Dinosaurier könnten also tatsächlich sehr farbenfrohe Gesellen gewesen sein.

Knochige Körperteile

Manche Dinosaurier, darunter der *Stegosaurus*, trugen auf dem Rücken Knochenplatten. Der *Triceratops* hatte drei Hörner im Gesicht und einen Knochenschild im Nacken. Aber wozu? Vielleicht weil sie dadurch größer und beeindruckender wirkten und besser mögliche Partner anlocken oder Rivalen abschrecken konnten. Oder als Schutz vor Verletzungen. Manche vermuten hinter diesen Knochenteilen auch ein »Hitzeableitungssystem«.

Tyrannosaurus wer?

Auch der berühmteste aller Dinosaurier ist von Geheimnissen umgeben. War die Haut von *Tyrannosaurus Rex* von Schuppen bedeckt, von Fell oder von dichtem Gefieder? Wie groß waren seine neugeborenen Jungen? Und wieso hatte er so kurze Arme, die nicht mal sein Maul erreichen konnten? Waren diese furchterregenden 12 m langen Dinos Jäger oder ausschließlich Aasfresser? Dafür, dass wir so wenig über ihn wissen, finden wir ihn ganz schön toll, oder?

Rudeljäger?

Unter Fachleuten wird heiß diskutiert, ob Dinosaurier so schlau waren, dass sie für die Jagd Rudel bildeten. Oder jagten sie stets alleine? Es wurden zwar bereits Fußabdrücke von fleischfressenden Dinos gefunden, die in Gruppen unterwegs waren, aber das beweist noch nicht, dass sie auch zusammen jagten. Wer weiß, vielleicht findet sich ja bald eine heiße Spur?

Wie klangen Dinosaurier?

Das markerschütternde Dinosauriergebrüll in Filmen ist – du denkst es dir bereits – frei erfunden. Viele Forschende glauben, dass manche Gattungen Klicklaute von sich gaben oder gurrten, japsten oder quakten. Viele *Hadrosaurier* tragen auf dem Kopf einen hohlen Knochenkamm, mit dessen Hilfe sie laute Trompetentöne erzeugt haben könnten.

ÜBERLEBENSKÜNSTLER

Mikroskopisch kleine Insekten, riesige Meeressäuger, Tiere, denen es in der sengenden Wüstensonne gefällt oder in der tiefsten pechschwarzen Tiefsee – das Leben auf der Erde ist unglaublich vielfältig. Manche Tiere vollbringen Unvorstellbares, um zu überleben. Und ihre Anpassungsstrategien stellen Forschende vieler Fachrichtungen vor nahezu unlösbare Rätsel.

Vorsicht grün!

Sechs Arten der auf Neuguinea heimischen *Skink*-Echsen haben grüne Knochen, grüne Muskeln und sogar leuchtend-hellgrünes Blut. Grund dafür ist ein Gift namens *Biliverdin*. Obwohl der Körper dieser Echsen das Vierzigfache der für einen Menschen tödlichen Dosis an *Biliverdin* enthält, geht es ihnen prächtig. Aber warum – und warum brauchen sie das Gift? Schützt es sie vor Krankheiten oder Fressfeinden, oder gibt es einen anderen Grund? Niemand weiß es.

Tarngenie

Die südamerikanische Kletterpflanze *Boquila trifoliolata* besitzt die Fähigkeit, ihre Blätter wie die anderer Pflanzenarten aussehen zu lassen. Eine einzige Ranke kann drei völlig unterschiedliche Blatttypen anderer Pflanzen nachbilden. Aber warum? Damit sie nicht von Tieren gefressen wird, die *Boquila trifoliolata* auf ihrem Speiseplan haben? Und wie macht sie das – *ohne Augen*? Nimmt diese Pflanze ihre Umgebung »chemisch« war, und weiß so, welche Blätter sie nachahmen muss?

Atemlos

Forschende gingen davon aus, dass alle mehrzelligen Tiere Sauerstoff brauchen, um den Brennstoff für ihre Zellen, ATP (Adenosintriphosphat), herzustellen. Doch 2020 wurde ein Fischparasit namens *Henneguya salminicola* entdeckt, der keinen Sauerstoff atmet. Woher er seine Energie nimmt, ist noch nicht geklärt.

Zähe Bärtierchen

Bärtierchen sind die widerstandsfähigsten aller Lebewesen. Die achtbeinigen, nur 1 mm langen Tierchen halten glühende 150 °C ebenso aus wie die niedrigste im Universum mögliche Temperatur: −273 °C. Sie überleben Jahrzehnte ohne Nahrung und Wasser, das Fünfhundertfache der Strahlungsmenge, die einen Menschen umbringen würde, oder zehn Tage im Weltraum, ungeschützt und ohne Luft.

Aber warum sind diese Tiere an Bedingungen angepasst, die teilweise so extrem sind, dass sie auf der Erde nicht auftreten können? War das früher vielleicht anders? Am verblüffendsten ist aber wahrscheinlich die Tatsache, dass das Bärtierchen die bisher einzige bekannte Art ist, die im Vakuum des Weltraums überleben kann.

WARUM HABEN TAUSEND-FÜSSLER UND HUNDERT-FÜSSLER SO VIELE BEINE?

Die meisten Tiere besitzen zwei, vier, sechs oder acht Beine. Hundertfüßler und Tausendfüßler aber sind anders als die anderen. 2021 entdeckten Forschende das »beinreichste« Tier der Welt: einen australischen Tausendfüßler, der in über 60 m Tiefe unter der Erde lebt. Die Männchen von *Eumillipes persephone* haben 818 Beine, die Weibchen sogar 1306. Über den genauen Zweck dieser Vielbeinigkeit rätseln Forschende nach wie vor.

Vielleicht ermöglichen es ihnen die Extrabeine, beim Graben mehr Erde wegzuschieben, oder beim Jagen die Beute fester zu packen. Andererseits erfordert es bestimmt viel Kraft und Aufmerksamkeit, Hunderte von Beinpaaren zu bewegen, ohne ständig zu stolpern. Schneller scheinen die vielen Beine sie auch nicht zu machen: Tausendfüßler haben – überraschenderweise – mehr Beine als Hundertfüßler, sind aber langsamer.

WARUM FLIEGEN NACHTFALTER ZUM LICHT?

Wenn du in einer dunklen Sommernacht draußen eine Lampe anmachst, ist sie bald von Nachtfaltern umgeben. Zieht das Licht sie an, weil sie erwarten, hier anderen Faltern zu begegnen? Verlieren sie durch das Licht die Orientierung? Wir wissen es nicht.

Manche Leute behaupten, dass elektrisches Licht sie verwirrt. Elektrisches Licht gibt es aber erst seit 140 Jahren – und Falter werden schon seit Tausenden von Jahren von Lagerfeuern, Fackeln und Kerzenflammen angezogen. Da es mehr als 150.000 Nachtfalterarten gibt, kann es sein, dass die Gründe von Art zu Art verschieden sind. So wissen wir zum Beispiel, dass manche Arten Licht gar nicht mögen und deshalb Lichtquellen meiden. Was das alles natürlich noch rätselhafter macht!

WUNDERSAME WANDERUNG

Das Leben eines Schmetterlings ist schnell vorbei. Nur sehr wenige Arten haben eine Lebenserwartung von neun bis zwölf Monaten. Manche Monarchfalter beispielsweise leben nur sechs Wochen, andere halten einige Monate lang durch. Dennoch wandern diese Schmetterlinge über Strecken von Tausenden von Kilometern durch Nord- und Mittelamerika. Die ganze Reise kann sich über drei Generationen hinziehen, und viele der wandernden Falter werden unterwegs geboren. Aber woher wissen sie, wo sie hinfliegen müssen?

Anhand von Computermodellen kamen Forschende zu dem Schluss, dass die Schmetterlinge mithilfe des Sonnenstands und einer »Körperuhr« in ihren Fühlern ermitteln, wo es nach Süden geht. Allerdings funktioniert ihr Richtungssinn auch bei bedecktem Himmel, wenn die Sonne nicht zu sehen ist. Außerdem bleibt die Frage, woher sie wissen, wie weit sie bereits geflogen sind, schließlich bläst der Wind sie ja ständig in alle Richtungen. Ebenso rätselhaft: Woher wissen die unterwegs frisch aus ihren Puppen geschlüpften Schmetterlinge, auf welcher Etappe ihrer weiten Reise sie sich befinden oder wann sie an ihrem Ziel angekommen sind? Werden diese Informationen genetisch von Generation zu Generation weitergegeben? Ein wunderbares Rätsel, dessen Lösung nur Monarchfalter kennen.

Ungefähr 100 bis 200 Millionen Monarchfalter ziehen im Herbst von Kanada und den nördlichen USA nach Zentral- und Südmexiko und kehren im Frühjahr in den Norden zurück.

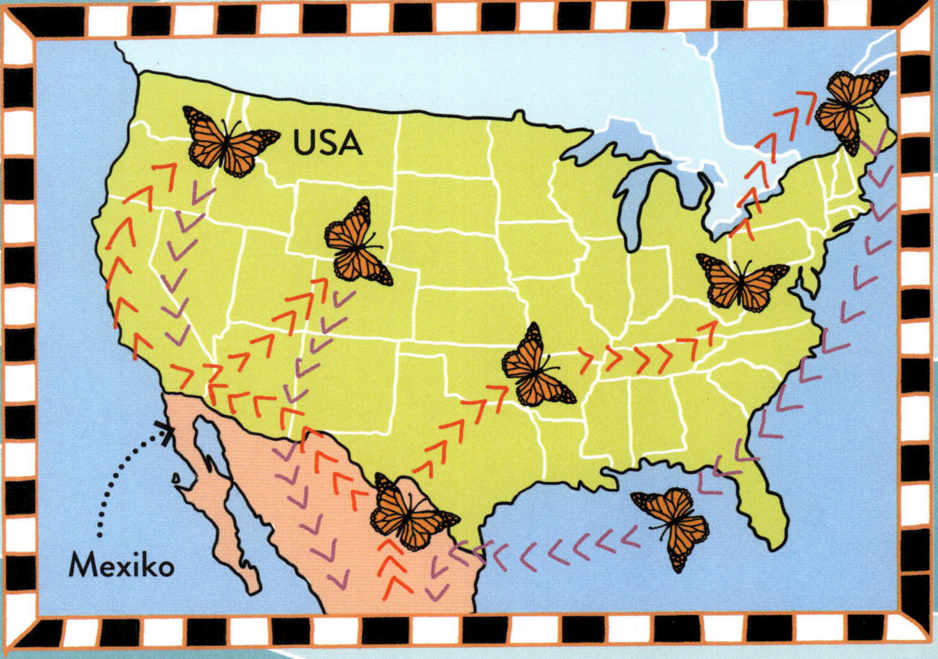

Den Winter verbringen die Falter in großen Gruppen in einer Art Schlafzustand, um Energie zu sparen. Schließlich haben sie eine lange Reise hinter sich!

Ein Monarchfalter wiegt 0,5 g (weniger als eine Büroklammer). Dennoch kann er täglich 100 km und weiter fliegen.

WARUM SPRINGEN WALE?

Buckelwale sind geheimnisvoll. Wir wissen nicht, wie lange sie leben, und auch nicht, warum sie einander 15 Minuten lange Lieder vorsingen. Sie halten sich in Tiefen von bis zu 200 m auf und kommen meist nur zum Atemholen (etwa alle 45 Minuten) an die Oberfläche. Manchmal aber *springen* sie – und verlassen dabei das Wasser mit ihrem riesigen Körper ganz kurz fast vollständig. Warum?

Fische springen, um Fressfeinden zu entkommen. Es gibt aber kein Tier, vor dem erwachsene Buckelwale fliehen müssten. Allerdings werden die Wale von Rankenfußkrebsen und anderen Parasiten geplagt, die sich an ihre Haut heften. Möglicherweise hilft die bei Sprung und Landung entstehende Reibung, diese Plagegeister loszuwerden.

Oder stellen die Sprünge eine Form der Verständigung zwischen Artgenossen dar? Das Aufklatschen ist laut, wird vom Wasser jedoch anders als die Gesänge nicht weit übertragen. Vielleicht verständigen sich die Wale über Sprünge mit Artgenossen in ihrer Nähe. Oder sie springen, um anzugeben. Oder einfach nur aus Spaß an der Freude!

WARUM STRANDEN WALE?

Einen weitaus traurigeren Anblick bieten gestrandete Wale, die aus eigener Kraft nicht mehr ins tiefe Wasser zurückkönnen. Das kann einzeln schwimmenden Walen ebenso passieren wie ganzen Schulen. 2020 strandeten in Tasmanien über 400 Grindwale. Manchmal können gestrandete Wale gerettet werden und überleben, die meisten aber sterben. Warum passiert das überhaupt?

Eine weit verbreitete Theorie besagt, dass die Wale sich verirren – beispielsweise weil sie krank sind, wegen bestimmter Wetterbedingungen oder weil sich durch Erdbeben Meeresströmungen verändert haben. Die *Echolote* von Schiffen erzeugen Laute, die Wale dabei stören könnten, sich in ihrer Umgebung zurechtzufinden. Was auch immer der Grund ist – plötzlich finden sich die Wale in Wasser wieder, das so seicht ist, dass sie stecken bleiben. Wenn viele Wale stranden, wissen wir nicht, ob sie einem Leittier gefolgt sind, oder einem verirrten Artgenossen helfen wollten.

WARUM SCHNURREN KATZEN?

Das Schnurren einer Katze beginnt mit Signalen, die vom Gehirn an die Muskeln im Kehlkopf geschickt werden. Diese Muskeln vibrieren 20- bis 150-mal pro Sekunde, und die beim Ein- und Ausatmen durch den Kehlkopf strömende Luft erzeugt das Schnurrgeräusch. Katzenbabys schnurren schon in den ersten Lebenstagen, noch bevor sie sehen oder hören können. Vielleicht erkennen Katzenmütter ihre Babys auch am Schnurren? Warum aber schnurren dann auch erwachsene Katzen?

Dass Katzen schnurren, wenn sie zufrieden und satt sind oder gestreichelt werden, klingt einleuchtend. Doch oft schnurren sie auch, wenn sie aufgeregt oder erschrocken sind, wenn sie verletzt sind oder nach einer beunruhigenden Begegnung mit einem Hund. Vielleicht tun sie es, um sich durch die durch das Schnurren erzeugten *Vibrationen* selbst zu beruhigen.

Der im Amazonasbecken heimische Caqueta-Springaffe ist der einzige bekannte Affe, dessen Babys wie Katzen schnurren!

WARUM SETZEN SICH KATZEN IN EINEN KREIS?

Immer wieder sieht man auf Fotos und Aufnahmen aus den sozialen Netzwerken dasselbe: Wenn man mit Klebeband, einem Seil oder einem Kabel auf dem Boden einen Kreis markiert, können Katzen anscheinend nicht anders, als sich da mitten rein zu setzen. Ein ebenso faszinierendes wie rätselhaftes Verhalten.

Vielleicht liegt es einfach nur daran, dass Katzen sehr neugierig sind. Sie kennen sämtliche Ecken ihres Zuhauses und fühlen sich von allem angezogen, das anders ist. Oder es hat etwas mit Revierverhalten oder der Suche nach Geborgenheit zu tun. Vielleicht fühlt sich die Katze in dem abgegrenzten Bereich besonders sicher, wie in einem Karton oder einem Korb.

WARUM HABEN ZEBRAS STREIFEN?

Mit ihren Streifen fallen Zebras inmitten der afrikanischen Savanne sofort ins Auge. Würde man einem Zebra das Fell abrasieren, käme seine einheitlich schwarze Haut zum Vorschein. Die Streifen sind also nur im Fell. Aber welchen Sinn haben sie? Nach über 100 Jahren Forschung gibt es immer noch keine überzeugende Erklärung für diese auffällige Musterung.

Früher glaubte man, die Streifen dienten der Tarnung, besonders in Waldgebieten. Zebras leben aber meist nicht im Wald, sondern im baumlosen Flachland. Vor Fressfeinden schützen sie sich mit ihren kräftigen Hinterläufen oder sie fliehen – um Tarnung scheint es also eher nicht zu gehen.

Könnten die Streifen dazu dienen, dass sich die Tiere in einer großen Herde besser erkennen? Oder kühlen sie die Haut? An heißen Tagen können die schwarzen Streifen 10 bis 15 °C wärmer als die weißen sein. Vielleicht entsteht dadurch ein Luftzug, der den Körper des Zebras kühlt.

Der neuesten Theorie zufolge verwirren die Streifen lästige Insekten, die nicht nur stechen, sondern auch Krankheiten übertragen. Versuche zeigten, dass Fliegen bei Zebras (und bei Pferden, die Decken mit Zebramuster tragen) Probleme beim Landen haben. Irgendwie scheint dieses Muster die Fliegen zu verwirren oder zu verunsichern. Verkleide dich doch selbst als Zebra und probiere es aus!

Die größten Tierarten, die in den letzten 50 Jahren entdeckt wurden, leben alle im Meer, darunter der Riesenmaulhai, der 6 m lange Großflossen-Kalmar und der 13 m lange und 26 t schwere Rice-Brydewal.

SUCH MICH DOCH!

Im Laufe der letzten Jahrhunderte durchkämmten Forschungsreisende und Naturforschende die Welt auf der Suche nach bisher unbekannten Arten. Sie drehten sozusagen jeden Stein um. In neuerer Zeit helfen Weltraumsatelliten, Drohnen und GPS, abgelegene Gebirge und dichte Regenwälder zu untersuchen. Dadurch wurden Hunderte neuer Arten entdeckt, die meisten davon Insekten und andere kleine Geschöpfe. Man könnte also annehmen, dass jetzt – da jedes Stück Erde fotografiert und auf Karten verzeichnet ist – wirklich alle Tiere entdeckt sind, oder?

Nein, behaupten manche und finden, dass es immer noch viele Orte gibt, an denen noch nicht genug gesucht wurde – neu entdeckte Höhlensysteme beispielsweise, oder noch nicht erfasste Regenwaldregionen am Amazonas oder in Indonesien. In den letzten 20 Jahren wurden bisher unbekannte Arten von Riesensalamandern, Orang-Utans und Walen wissenschaftlich beschrieben, und das sind alles ziemlich große Tiere. Und was ist mit den Meeren, die zwei Drittel unseres Planeten bedecken? Viel weiter als 200 m unter die Wasseroberfläche sind wir da an vielen Stellen noch nicht vorgedrungen. Könnten in der Tiefsee noch völlig unbekannte Lebewesen auf uns warten?

WAS VERURSACHTE DAS GRÖSSTE ARTEN-AUSSTERBEN?

Vor rund 252 Millionen Jahren kam es im heutigen Sibirien zu ungeheuer vielen Vulkanausbrüchen. Die Eruptionen könnten den Kohlendioxidgehalt der Erdatmosphäre verdreifacht haben.

Die Ausbrüche verunreinigten die Atmosphäre mit schädlichem Schwefeldioxid, das lange Zeit über die Sonne verdunkelt und heftige Klimaveränderungen ausgelöst haben könnte.

Vor etwa 252 Millionen Jahren (gegen Ende des *Perm*) wäre das Leben auf der Erde beinahe ausgestorben: 70 Prozent der an Land lebenden Arten verschwanden unwiederbringlich, ebenso 90 Prozent aller Meeresbewohner. Dieses Massenaussterben könnte innerhalb von nur 30.000 bis 200.000 Jahren relativ schnell vor sich gegangen sein. Andere schätzen den Zeitraum auf 10 bis 20 Millionen Jahre. Aber was löste es aus?

Giftiges Kohlendioxid?

Ein starker vulkanischer Ausstoß von Kohlendioxid (CO_2) könnte einen umfassenden Klimawandel verursacht haben, mit einem Anstieg der Luft- und Wassertemperaturen um 10 °C und tödlichen Folgen für die meisten Arten. Ging das CO_2 als »saurer Regen« nieder, der Pflanzen vernichtete und die Meere übersäuerte und so für viele Meereslebewesen unbewohnbar machte?

Sauerstoffmangel

Zu Beginn des Perm enthielt die Erdatmosphäre Schätzungen zufolge 30 Prozent Sauerstoff (heute sind es 21 Prozent). Einige Millionen Jahre nach Ende des Perm lag der Wert nur noch bei 12 Prozent. Könnte dieser Sauerstoffrückgang eine Ursache für das Massenaussterben gewesen sein?

Meteoriteneinschlag

Könnte ein großer Meteorit das Massenaussterben unmittelbar verursacht haben oder Auslöser zahlreicher Vulkanausbrüche gewesen sein? Zwar wissen wir (bisher) nichts von einem solchen Einschlag vor 252 Millionen Jahren, doch hat es in der Erdgeschichte mehrere derartige Ereignisse gegeben. Zum Beispiel vor 66 Millionen Jahren, als alle großen Dinosaurier ausstarben.

Methanausstoß

Ein gewaltiger Ausstoß des *Treibhausgases* Methan könnte ein Klima-Chaos verursacht haben. Große Mengen an Methan könnten aufgrund einer massiven Eisschmelze – oder aufgrund einer enormen Vermehrung von Methan produzierenden Bakterien – in die Atmosphäre gelangt sein.

Superkontinent

Während des Perm bildeten sämtliche Landmassen der Erde zusammen den Superkontinent *Pangäa* (nicht zu verwechseln mit dem sehr viel früheren Superkontinent Rodinia). Als die Landmassen aufeinander zutrieben, könnten seichtere Meere verschwunden sein, in denen zahlreiche Arten lebten. Allerdings erklärt diese Theorie nicht, warum auch an Land so viele Arten ausstarben.

KOSMISCHE KOPFNÜSSE

WELCHE FORM HAT DAS UNIVERSUM?

Die meisten Kosmologen und Kosmologinnen sind sich einig, dass sich das Universum seit dem »Urknall« von einem einzigen Punkt aus ausdehnt. Uneins sind sie sich allerdings über seine Form. Manche glauben, es sei flach, offen und unendlich und könnte sich deshalb bis in alle Ewigkeiten weiter ausdehnen.

Andere Forschende dagegen halten das Universum für geschlossen – damit müsste es eine maximale Größe haben und wie eine riesige Kugel aussehen. Eine dritte Theorie ist ebenfalls für »offen« und »ausdehnen« – diesmal allerdings in der Form eines Sattels. Um das Rätsel um die Form des Universums zu lösen, müssen Forschende noch viel mehr darüber herausfinden, welche Rolle hier Dunkle Energie und Dunkle Materie (siehe S. 88 u. 89) spielen.

WIE WIRD DAS UNIVERSUM ENDEN?

Keine Angst, das wird so bald nicht passieren. Trotzdem machen sich Forschende auch hierüber Gedanken. Eine Theorie ist der *Big Freeze* (das »große Einfrieren«): Das Universum breitet sich immer weiter aus und kühlt dabei ab, bis die Sterne all ihre Energie verbraucht haben. Das Universum wäre immer noch da, aber es wäre kalt, dunkel und ohne Leben.

Eine weitere Theorie spricht von einem *Big Rip*, einem »großen Zerreißen«: Das Universum dehnt sich immer schneller aus, bis Galaxien, Sterne, Planeten und schließlich sogar die einzelnen Atome auseinanderreißen. Nicht schön! Manche halten allerdings das genaue Gegenteil für wahrscheinlicher: Das Universum hört irgendwann auf, sich auszudehnen, und zieht sich stattdessen wieder auf einen einzelnen Punkt zusammen. Dies wiederum könnte einen weiteren Urknall auslösen und ein vollkommen neues Universum entstehen lassen – eine Vorstellung, die man auf Deutsch »Urprall«, auf Englisch *Big Bounce* nennt.

IST DORT DRAUSSEN JEMAND?

Wir wissen, dass es im Universum von Sternen nur so wimmelt. Unsere Galaxie, die Milchstraße, enthält 100 bis 400 Milliarden Sterne. Um viele davon kreisen Planeten, genau so, wie die Erde um die Sonne kreist. Aber wenn es so viele Planeten gibt, warum haben wir dann noch keinen Kontakt zu Außerirdischen? Ist die Erde tatsächlich der einzige von intelligenten Wesen bewohnte Planet?

Doch eher selten

Vielleicht gibt es nur sehr wenige Planeten, die so perfekt wie unsere Erde für Leben geeignet sind. Es muss *vieles* stimmen: genau die richtige Temperatur, flüssiges Wasser, Schutz vor Weltraumstrahlung, atembare Luft und chemische Stoffe, aus denen Leben entstehen kann. Und Evolution kann Hunderte von Jahrmillionen dauern. Leben ist ein ganz seltener Zufall, meinen viele Fachleute. Aber kann die Erde wirklich die ganz große Ausnahme sein?

Zu spät dran!

Das Universum entstand vor 13,8 Milliarden Jahren und die Erde bildete sich vor 4,54 Milliarden Jahren, *Homo sapiens* (uns) gibt es allerdings erst seit 300.000 Jahren. Könnte es in all den Jahrmilliarden, die wir »verpasst« haben, irgendwo in unserer Nähe in der Galaxis bereits intelligentes Leben gegeben haben? Sind wir vielleicht wirklich einfach »zu spät dran«?

Weit, weit entfernt

Das Universum ist groß und wir haben erst einen winzigen Teil davon erkundet. Viele Forschende glauben, dass es im Universum von Leben nur so wimmelt – aber dass »wir« und »die« einfach zu weit voneinander weg sind, um schnell mal »vorbeizuschauen«. Und es ist erst 40 Jahre her, dass wir den ersten Planeten außerhalb unseres Sonnensystems gesichtet haben. Heute kennen wir bereits über 5.000 solcher Exoplaneten – und gehen davon aus, dass es noch Milliarden weitere gibt.

Nichts Besonderes

Vielleicht sind die Erde und ihre Bewohner im Vergleich mit Lebensformen auf anderen Planeten ziemlich primitiv, und die Außerirdischen finden uns so uninteressant, dass es ihnen nicht die Mühe wert ist, mit uns Kontakt aufzunehmen. Oder sie haben uns bereits kontaktiert, aber uns fehlten (und fehlen) die technischen Mittel, ihre Botschaften zu empfangen und zu verstehen.

Wir haben Schallplatten mit Musik, Bildern und Grüßen in 55 Sprachen ins All geschickt, senden Radiosignale, um auf uns aufmerksam zu machen, und lauschen mit riesigen *Radioteleskopen* in den Weltraum. Was könnten wir noch tun?

AUF GUTE NACHBARSCHAFT!

Das Sonnensystem ist zwar unser »Vorgarten« im Weltraum – aber wir kennen es noch nicht besonders gut. Hunderte von Monden, Tausende von Asteroiden und sieben Planeten, die wir »Nachbarn« nennen, stellen uns Fragen, die wir noch nicht beantwortet haben.

Warum ist die Atmosphäre der Sonne heißer als ihre Oberfläche?

Gewöhnlich ist die Oberfläche heißer Objekte heißer als der Raum um sie herum. Bei der Sonne ist es seltsamerweise umgekehrt. Ihre äußere, sichtbare Oberfläche wird Photosphäre genannt und ist etwa 5.500 °C heiß. Doch ihre äußere Atmosphäre, die Korona, misst über 1.000.000 °C. Ein superheißes Rätsel!

Andersherum

Die Venus dreht sich anders herum als alle anderen Planeten – ausgenommen Uranus, der sich seitwärts geneigt dreht! Eine volle Umdrehung der Erde dauert 23 Stunden, 56 Minuten und vier Sekunden. Jede Umdrehung der Venus dagegen dauert 243 Erdentage! Ein Tag auf der Venus ist also *sehr* lang! Könnte die dichte, schwere Atmosphäre der Venus der Grund dafür sein, dass sie sich verkehrt herum dreht? Oder dreht sie sich in Wahrheit in derselben Richtung wie die Erde, steht aber auf dem Kopf?

Gibt es einen neunten Planeten?

Könnte sich am Rand unseres Sonnensystems ein neunter Planet von der Größe Neptuns verstecken? In Computersimulationen würden sich nämlich durch die *Anziehungskraft* eines solchen Planeten die ungewöhnlich geformten Umlaufbahnen einiger Himmelskörper da draußen erklären. Es könnte aber auch noch eine andere Ursache für diese seltsamen Umlaufbahnen geben – ein Objekt, das sich von außerhalb in unser Sonnensystem verirrt hat beispielsweise.

NICHT MASSSTABSGETREU

Woher kommt Oumuamua?

2017 konnte innerhalb unseres Sonnensystems zum ersten Mal ein Objekt aus dem interstellaren Raum nachgewiesen werden. »Oumuamua« ist ungefähr 400 m lang, felsig und rötlich und bewegt sich zeitweise mit 315.000 km/h – elfmal schneller als die Raumstation ISS. Aber wo kommt dieses Objekt her? Astronomen verfolgten seinen Weg in die Richtung des Sterns Vega zurück. Doch als es vor Millionen von Jahren seine Reise antrat, befanden sich die Sterne an ganz anderen Stellen – seine Herkunft bleibt also ein Rätsel.

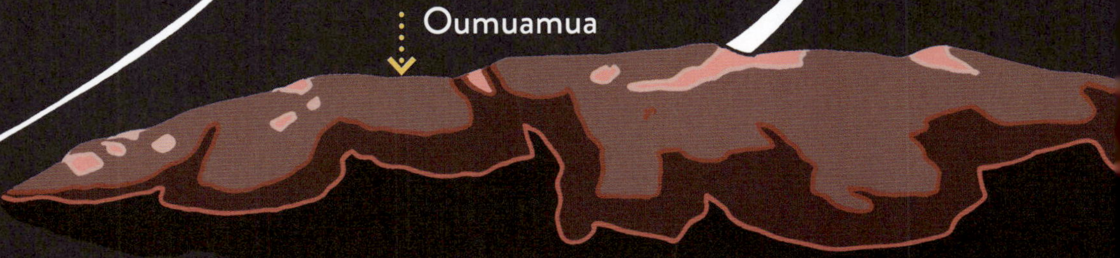

DAUERSTURM

Lange, lange Zeit vor der Geburt deiner Urgroßeltern kam auf dem Planeten Jupiter ein Wirbelsturm auf: Er wird der »Große Rote Fleck« genannt und könnte 300 bis 400 Jahre alt oder sogar älter sein. Vermutlich gab es ihn schon lange bevor Weltraumteleskope entwickelt wurden. Doch seit wann genau, bleibt ein Rätsel.

Aber nicht nur sein Alter gibt uns Rätsel auf, sondern auch seine Größe: Mit einem Durchmesser von mehr als 16.300 km ist er 1,3-mal so groß wie unser ganzer Planet. Früher waren es sogar 40.000 km – das Dreifache des Durchmessers der Erde. Er schrumpft also, aber warum? Schwächt er sich ab? Und wie kann es sein, dass auf dem Jupiter über Jahrhunderte ein Sturm tobt, wenn Stürme auf der Erde höchstens ein paar Tage oder Wochen dauern?

Auch bei den Windgeschwindigkeiten schwirrt den Fachleuten der Kopf: Am Rand des Flecks erreichen sie 640 km/h, und damit das Doppelte der Geschwindigkeit eines Hurrikans auf der Erde. Und sie nehmen jedes Jahr um 2 bis 3 km/h zu. Warum, weiß (noch) niemand.

Der Große Rote Fleck ist nicht immer rot – manchmal ist er auch orange, bräunlich oder pink. Warum er die Farben wechselt, seine Lieblingsfarbe aber Rot zu sein scheint, ist ein weiteres Rätsel.

Die Raumsonde Juno konnte inzwischen eine Frage beantworten: Wie tief reicht der Sturm hinunter? Die Raumsonde ermittelte eine Tiefe von 300 bis 500 km.

WIE VIELE SCHWARZE LÖCHER GIBT ES?

Schwarze Löcher sind extrem dicht mit Materie vollgepackte Punkte im Weltraum. Ihre Anziehungskraft ist so groß, dass sie fast alles schlucken – selbst Licht. Deshalb kann man Schwarze Löcher nicht sehen. Forschende werden auf sie aufmerksam, wenn sich andere Objekte – Staub, Gaswolken, Sterne – seltsam verhalten.

Ein stellares Schwarzes Loch entsteht, wenn ein großer Stern stirbt und in sich zusammenfällt. Schätzungen der NASA zufolge gibt es allein in der Milchstraße zwischen zehn und eintausend Millionen Schwarze Löcher – und unsere Galaxie ist nur eine von vielen Milliarden Galaxien.

Möglicherweise gibt es auch Schwarze Mikro-Löcher, von denen jedes Millionen von Tonnen Materie enthalten könnte, aber selbst nicht größer als ein Atom ist. Falls es sie gibt, wäre es schier unmöglich, alle Schwarzen Löcher im Universum zu zählen.

Materie ist alles, was wir anfassen oder (wenn auch nur mit einem Mikroskop) sehen können (man könnte auch sagen *»Zeug«*): Atome, Kühlschränke, Planeten, Sterne – und alles dazwischen.

WIE ENTSTEHEN SUPERMASSEREICHE SCHWARZE LÖCHER?

Sogenannte supermassereiche Schwarze Löcher findet man im Zentrum von Galaxien. Das in der Mitte der Milchstraße heißt Sagittarius A* und ist mit einem Gewicht (Wissenschaftler. sagen: »einer *Masse*«) von vier Millionen Sonnen ein richtig schwerer Brocken. Wie entstehen solche Weltraummonster?

Diese Giganten sind viel zu schwer für die Überreste eines einzigen in sich zusammengefallenen Sterns. Die einen sagen, es könnte sich hier um mehrere miteinander verschmolzene Schwarze Löcher handeln, die anderen vermuten eine Gruppe von Sternen, die gleichzeitig in sich zusammengefallen sind. Wieder andere *Dunkle Materie* (bitte umblättern), was zumindest die gewaltige Masse erklären würde.

DUNKLE MATERIE

Wir sind bei der Frage aller Fragen angelangt: *Woraus besteht das Universum?* Vielen Forschenden ist diese Frage ein bisschen peinlich – weil sie sie immer noch nicht beantworten können. All das, was wir beobachten können – Planeten, Sterne, Energie –, macht jedenfalls gerade mal fünf Prozent des Universums aus.

Was ist Dunkle Materie?

»Materie« ist alles, was Platz braucht – Atome, Sterne und natürlich auch du! Aus je mehr Materie etwas besteht, desto schwerer ist es und desto größer ist seine Anziehungskraft (*Gravitation*). Die Sonne hat eine größere Gravitation als der Mond. Das Problem ist, dass Forschende im Universum *viel zu viel* Gravitation messen – verglichen mit der Materie, von deren Existenz sie wissen. Wo also kommt diese »Extra-Anziehungskraft« her? Die (momentane) Antwort der Fachleute: von der Dunklen Materie. Und weil sie kein Licht abgibt, haben wir sie bisher nicht gesehen.

MACHOs und WIMPs

Wissenschaftler lassen sich gerne lustige englische Abkürzungen für neue Theorien und Ideen einfallen. So behalten sie besser im Kopf, was sie sich ausgedacht haben (und können es besser anderen erzählen). Die kleinsten Bestandteile der Dunklen Materie (Atome können es nicht sein, sonst hätten sie sie schon entdeckt, sagen sie) nennen sie MACHOs – *Massive Astrophysical Compact Halo Objects* – oder WIMPs: *Weakly Interacting Massive Particles*. Auf Deutsch: »massereiche, astrophysikalische, kompakte Halo-Objekte« und »schwach wechselwirkende massereiche Teilchen«. (Wissenschaftler reden so, du musst dir das aber nicht merken.)

Und Dunkle Energie?

Wir sind uns ziemlich sicher, dass sich das Universum ausdehnt. Und seit den 1990er-Jahren wissen wir auch, dass es das *schneller und schneller* tut. Auch hierfür muss die Ursache irgendeine Kraft sein – Forschende gaben ihr den Namen »Dunkle Energie«. Was das genau ist, wissen sie noch nicht (kommt dir das bekannt vor?), nur, dass es davon sehr, sehr viel im Universum geben muss. Irre, oder?

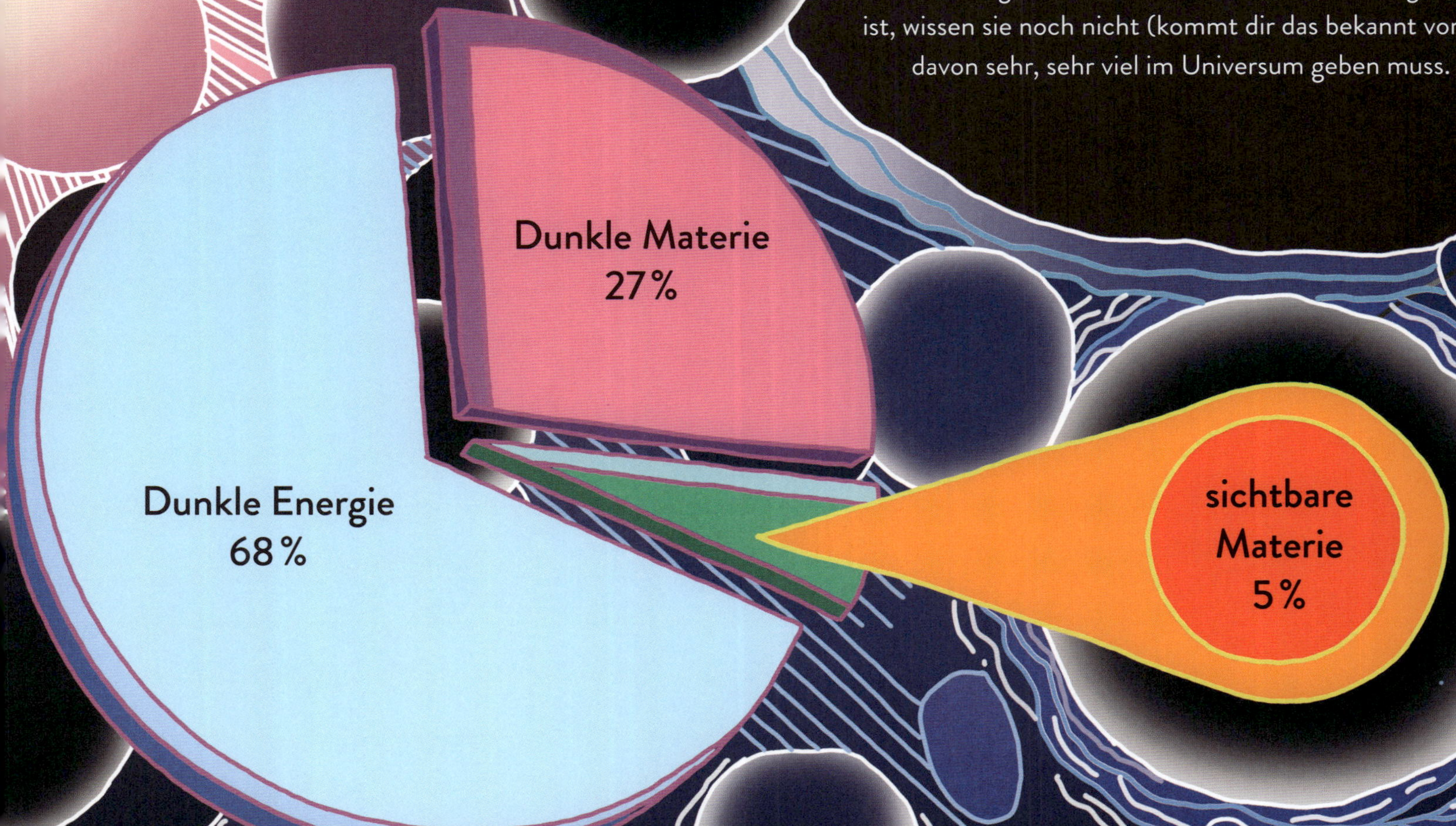

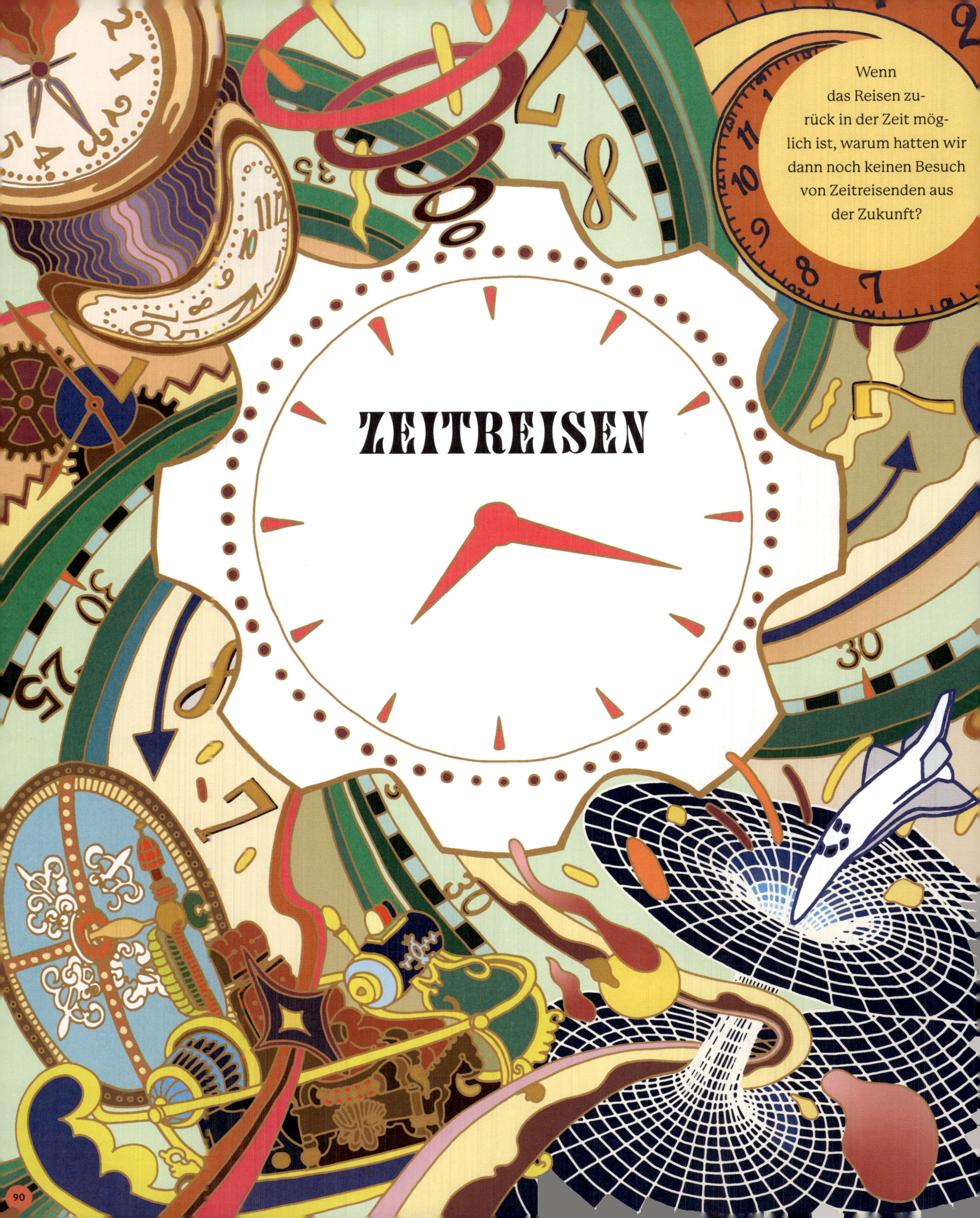

ZEITREISEN

Wenn das Reisen zurück in der Zeit möglich ist, warum hatten wir dann noch keinen Besuch von Zeitreisenden aus der Zukunft?

Na, Lust drauf, lebende Dinosaurier aus nächster Nähe zu sehen, durch das antike Rom zu bummeln oder dir deinen Heimatort in hundert Jahren anzuschauen? Schon, oder? Aber Moment – ginge das überhaupt?

Theoretisch ja …

Einsteins Relativitätstheorie besagt: Je *schneller* sich etwas bewegt, desto *langsamer* vergeht die Zeit *für das, was sich bewegt* (du, ein Zug, eine Rakete). *Theoretisch* könntest du also »durch die Zeit« reisen, indem du beispielsweise blitzschnell durchs All fliegst – wenn du wieder auf die Erde zurückkommst, wäre für dich nur eine kurze Zeit vergangen, für deine Freunde aber Jahre oder Jahrzehnte. Du würdest sie also sozusagen »in der Zukunft« wiedersehen.

Zu langsam

Die *praktische* Seite sieht allerdings anders aus, denn um Tage, Monate oder Jahre »in die Zukunft« zu reisen, müsste man sich annähernd mit Lichtgeschwindigkeit bewegen, und die wird nicht etwa in km/h (Kilometer pro Stunde) gemessen, sondern in km/s (Kilometer pro Sekunde). Genauer: 300.000 km/s. Die höchste technisch bisher erreichte Geschwindigkeit ist 192 km/s – bis zur Lichtgeschwindigkeit ist es also noch *sehr* weit.

Es gibt kein Zurück

Selbst wenn wir das mit dem »Reisen in die Zukunft« technisch hinkriegen – zurück geht es dann nicht mehr. Allein die Vorstellung eines Reisens in die Vergangenheit wirft *unlösbare* Fragen auf, die man als Paradoxa bezeichnet. Ein Beispiel: Würdest du in die Vergangenheit reisen und verhindern, dass deine Eltern sich kennenlernen, dann würdest du nie geboren werden. Und wie soll jemand, der nie geboren wurde … Tja.

Könnte man auf andere Weise durch die Zeit reisen?

Manche glauben, dass es Abkürzungen durch Raum und Zeit gibt, sogenannte »Wurmlöcher«. Diese könnten zwei weit voneinander entfernte Punkte im Raum miteinander verbinden und vielleicht auch das Reisen durch die Zeit erlauben. Bisher wurden aber leider noch keine Wurmlöcher gefunden – und sowohl sie als auch alle anderen Möglichkeiten für Zeitreisen bleiben reine Theorie.

Einsteins Relativitätstheorie wurde von Forschenden bewiesen, die mit extrem genau gehenden Uhren in schnellen Flugzeugen um die Welt flogen. Für sie verging die Zeit tatsächlich ein *bisschen* langsamer – aber nur um weniger als eine millionstel Sekunde.

NOCH MEHR RÄTSEL

WIE WURDE NAN MADOL ERBAUT?

In den Gewässern um die Pazifikinsel Pohnpei liegt Nan Madol, die einzige Stadt der Welt, die auf einem Korallenriff erbaut ist. Sie besteht aus fast hundert künstlichen Inseln, die vor rund 800 Jahren aus über 750.000 t Basalt geschaffen wurden und von Kanälen durchzogen sind. Diese Ruinenstadt wird auch »das Venedig des Pazifiks« genannt. Aber wie wurde sie erbaut?

So genau weiß es niemand. Über ihre Erbauer, die mysteriösen Saudeleur, ist wenig bekannt, denn sie hinterließen kaum Aufzeichnungen. Besonders wundern sich Archäologen und Archäologinnen darüber, wie Menschen, die weder über Kräne, noch über Metallwerkzeug oder große Schiffe verfügten, so viele Steinblöcke zuschneiden und transportieren konnten.

WIE ENTSTANDEN DIE NAZCA-LINIEN?

Vor ungefähr 2.000 Jahren wurden in Peru nicht sehr tiefe, aber sehr lange Gräben ausgehoben, die sich wie Linien durch die Wüste ziehen. Viele dieser Linien bilden riesige geometrische Zeichnungen von Pflanzen und Tieren. Manche sind größer als ein Fußballfeld. Zu sehen sind Spinnen, Affen, Vögel und ein Mensch mit einem großen Helm auf dem Kopf, dem man den Spitznamen »Astronaut« gab.

Wegen ihrer enormen Größe kann man die Bilder nur aus großer Höhe erkennen und bewundern. Tatsächlich wurden sie erst in den 1920er-Jahren wiederentdeckt, als Flugzeuge sie überflogen. Warum schuf das Volk von Nazca diese erstaunlichen Kunstwerke, die man vom Boden aus gar nicht würdigen kann?

Im Lauf der letzten zehn Jahre wurden Dutzende weitere Nazca-Linien, -Figuren und -Muster entdeckt. Warum sind es so viele?

NICHT GEKNACKTE CODES

Viele Geheimcodes und Texte in vergessenen Sprachen konnten entschlüsselt werden. Manche von ihnen verraten faszinierende Geheimnisse. Doch nicht alle Codes lassen sich knacken. Liegt es daran, dass man die Sprache des Texts nicht mehr kennt, oder handelt es sich bei einigen von ihnen gar um einen Schwindel?

Worum geht es im Voynich-Manuskript?

1912 gelangte ein Buchhändler namens Wilfrid Voynich in den Besitz eines mysteriösen Manuskripts. Es besteht aus etwa einhundert Pergamentblättern mit rätselhaften Bildern und Texten in einem unbekannten Alphabet. Dutzende von Spezialisten versuchten, die Schrift zu entschlüsseln, und benutzten dafür sogar besondere Computerprogramme, doch ohne Ergebnis. Bis heute versteht man keinen einzigen Satz. Könnte es sich um eine Abhandlung über Pflanzenheilmittel handeln? Könnte das Buch gar von Leonardo da Vinci stammen? Oder hat sich Voynich einfach nur einen Spaß erlaubt? Wir wissen es nicht.

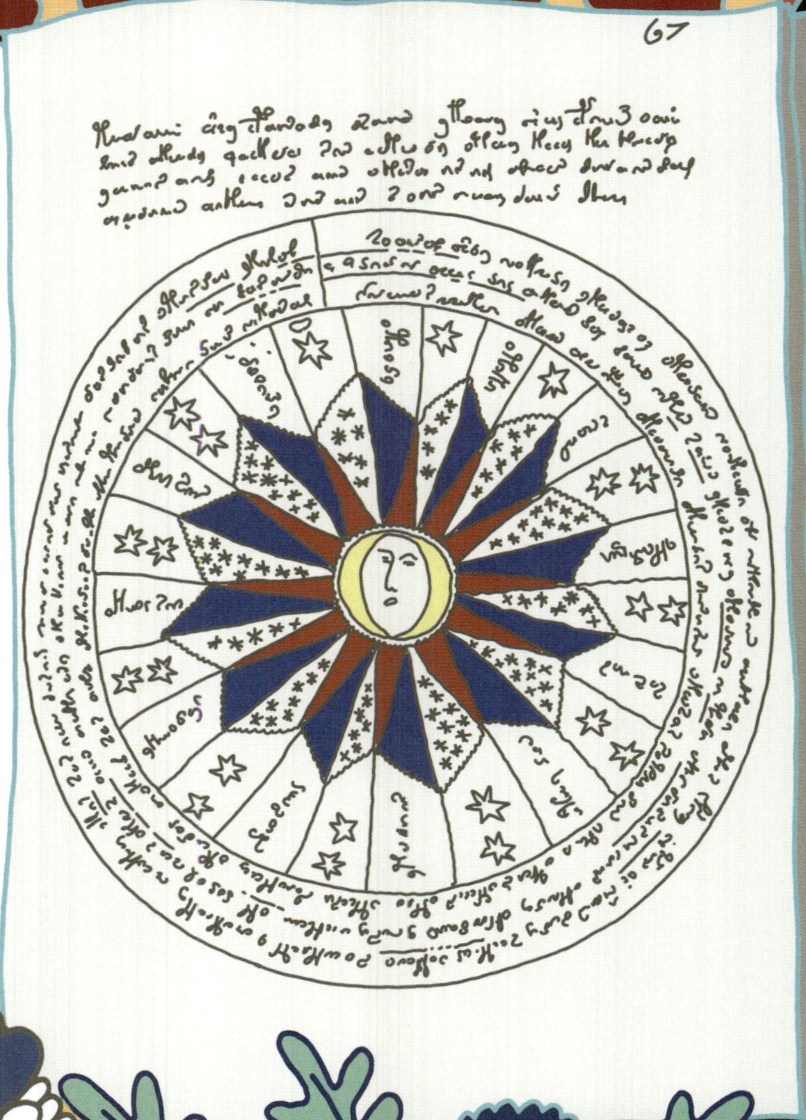

In welcher Sprache ist der Codex Rohonci geschrieben?

In der Ungarischen Akademie der Wissenschaften in Budapest wird seit 1838 ein 448-seitiges Manuskript aufbewahrt, das Geschenk eines Grafen. Niemand weiß, wo es ursprünglich herkommt, wer sein Verfasser war und in welcher Sprache es geschrieben ist. Es enthält über 750 Symbole, die niemand versteht. Da viele seiner Illustrationen religiöser Natur sind, könnte es von einer mittelalterlichen Geheimsekte stammen. Oder einfach nur ein Scherz sein. Auch der berühmte Fälscher Sámuel Literáti Nemes könnte seine Hand im Spiel gehabt haben – doch auch dafür gibt es keine Beweise.

Was steht in den Rongorongo-Tafeln?

Weitab vom Festland und anderen Inseln liegt im Pazifischen Ozean die Osterinsel. Dort entstanden viele Hundert Moai, beeindruckende Steinstatuen mit finsteren Gesichtern, und eine Schrift, die zwar einen Namen hat – Rongorongo –, die aber niemand mehr lesen kann. Sie setzt sich aus Bildsymbolen zusammen, die in ordentlichen Reihen in Holztafeln geschnitzt sind. Heute gibt es nur noch etwa 25 dieser Tafeln, keine davon befindet sich auf der Osterinsel und niemand kann sie entschlüsseln. Sind es Gebete, Familienstammbäume oder Aufzeichnungen geschichtlicher Ereignisse? Könnte ihre Entschlüsselung das Geheimnis um die Steinstatuen lüften? Schrift und Statuen stellen uns bis heute vor ungelöste Rätsel.

RÄTSELHAFTE ARTEFAKTE

Die Entdeckung historischer *Artefakte* kann ein Fenster in die Vergangenheit öffnen, Informationen über vergessene Ereignisse liefern und Licht auf frühe Kulturen werfen. Manche Funde stellen uns aber eher vor neue Fragen, anstatt alte zu beantworten.

Die geheimnisvolle Karte

1929 wurde ein Teil einer 1513 auf Gazellenhaut gezeichneten und von dem türkischen Admiral Piri Reis unterschriebenen Karte wiederentdeckt. Sie zeigt Teile Nord- und Südamerikas und der Karibik überraschend genau. Weiter unten könnte der Kontinent Antarktika eingezeichnet sein, der aber erst 300 Jahre später entdeckt wurde. Hatte hier nur jemand geraten, oder war die Karte das Ergebnis einer weit nach Süden reichenden Reise? Und was zeigten die verlorenen Teile der Karte?

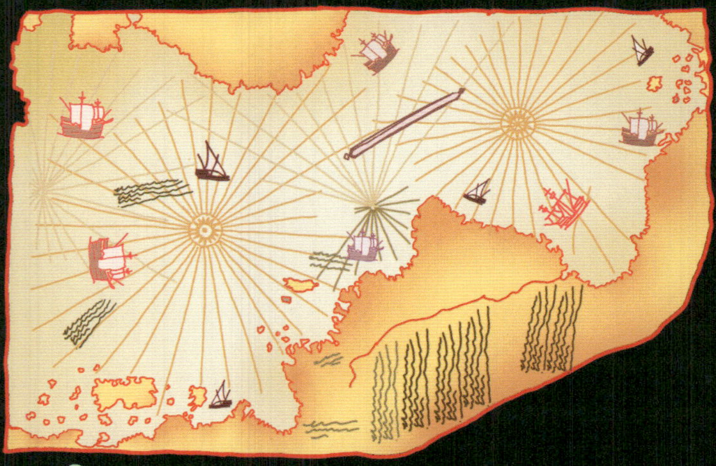

Nachbildung des Antikythera-Mechanismus

Antikythera-Mechanismus

Admiral Piri Reis

Was ist der Antikythera-Mechanismus?

Dieser 1901 aus einem Wrack geborgene komplizierte Apparat ist der älteste bekannte mechanische Computer. Er wurde vor 2.200 Jahren in Griechenland gebaut. Mit ihm ließen sich die Bewegungen von Sonne, Mond und Planeten vorausberechnen. Er ist einzigartig – und es dauerte mindestens 1.000 Jahre, bis wieder etwas Ähnliches gebaut wurde. *Aber warum?* Wie kann es sein, dass eine so ausgefeilte Ingenieurskunst später wieder in Vergessenheit geriet?

Seltsame Steinkugeln

Tief im Regenwald von Costa Rica finden sich Hunderte makellos-runde, uralte Steinkugeln in allen erdenklichen Größen. Ihre Herstellung muss – ohne Werkzeuge aus Metall – sehr, sehr lange gedauert haben. Doch wozu haben sie gedient? Sind es Grenzsteine? Statussymbole? Darstellungen von Sternen oder Planeten? Niemand weiß es (mehr).

Steinkugeln von Costa Rica

Costa Rica

Römisches Dodekaeder

Würfel für ein unbekanntes Spiel?

Fast überall in Europa findet man seit Hunderten von Jahren immer wieder seltsame 12-seitige Objekte aus Bronze unter der Erde, die als »Römische Dodekaeder« bekannt sind – inzwischen über einhundert. Sie stammen aus dem 2. bis 4. Jahrhundert und könnten ihren Besitzern viel bedeutet haben. In Dokumenten aus der Zeit werden sie allerdings nicht erwähnt. Wozu könnten sie gedient haben?

Römisches Reich

WER WAREN DIE KUNSTDIEBE?

Auch die Polizei steht oft vor Rätseln. Dazu zählen der Diebstahl einer 56 t schweren Brücke in Murmansk in Russland. Und der bisher größte nicht aufgeklärte Kunstraub der Welt: Bei diesem spektakulären Coup wurden 1990 in knapp eineinhalb Stunden 13 Kunstwerke im Wert von über 450 Millionen Euro aus dem Isabella Stewart Gardner Museum in Boston gestohlen.

Zwei als Polizeibeamte verkleidete Diebe überwältigten zwei Sicherheitskräfte und stahlen Gemälde und Zeichnungen berühmter Künstler wie Rembrandt, Degas, Manet und Vermeer – und die Bänder aus den Überwachungskameras. Trotz umfassender Ermittlungen durch Polizei und FBI und einer Belohnung von mittlerweile über 9 Millionen Euro tauchte keines dieser Kunstwerke seither wieder auf. Wo könnten die Bilder nur stecken?

WER WAR D. B. COOPER?

In den USA wurde 1971 eine Boeing 727 auf dem Flug von Portland nach Seattle entführt. Der Entführer – ein höflicher Mann Mitte 40 in dunklem Anzug – behauptete, eine Bombe dabeizuhaben. Sobald seine Forderung nach 200.000 Dollar und vier Fallschirmen erfüllt worden war, ließ er die Passagiere aussteigen, befahl, das Flugzeug wieder zu starten, und sprang nach 30 Minuten mit einem Fallschirm ab. Er wurde nie wieder gesehen.

Militärflugzeuge überflogen seine mutmaßliche Landestelle, zu der auch Beamte von Polizei und FBI strömten. Doch die fieberhafte Suche blieb ergebnislos. 1980 fand ein Junge ein paar Geldscheinbündel, die Teil der erpressten Summe gewesen waren, und es gab über tausend Verdächtige. Doch 2016 wurde der Fall als nicht aufgeklärt abgeschlossen.

WIRD KI DIE WELT REGIEREN?

Roboter patrouillieren durch die Straßen und Computer überwachen die Menschen rund um die Uhr: Die Maschinen sind an der Macht! Ja, natürlich kennst du diese Art von Science-Fiction aus Büchern und Filmen. Aber könnte es eines Tages auch in der wirklichen Welt so werden? Werden Maschinen jemals tatsächlich intelligent sein und selbstständig denken können?

Mittlerweile verfügen manche Maschinen über eine eingeschränkte künstliche Intelligenz. Sie sind lernfähig, finden in Informationsmengen Muster und treffen ohne menschliches Zutun Entscheidungen. Das macht sie sehr nützlich für uns. Einige vollbringen Erstaunliches: Sie besiegen Menschen im Schach, identifizieren Krankheiten, schreiben Gedichte und schaffen Kunstwerke.

Aber können diese Maschinen wirklich denken? Im Grunde arbeiten sie innerhalb der Grenzen ihrer Programme, die von Menschen geschrieben wurden, sind in Wahrheit also nicht selbstständig. Und da wir noch immer nicht wirklich herausgefunden haben, wie unser menschliches Denken funktioniert, sind wir nicht wirklich imstande, Maschinen zu konstruieren, die so denken wie wir.

Keine Maschine kann es mit der Intelligenz dieses blumenkohlförmigen Gebildes aufnehmen, das in deinem Schädel steckt. Die Evolution des menschlichen Gehirns nahm Millionen von Jahre in Anspruch. KI dagegen wird erst seit den 1940er-Jahren entwickelt. Könnte es angesichts des bisherigen rasanten technischen Fortschritts sein, dass Maschinen immer besser begreifen, wie Menschen denken, bis sie eines Tages in der Lage sind, tatsächlich selbstständig zu denken? Das weiß heute noch niemand – weder Mensch, noch Computer.

Roboter nehmen über Sensoren Informationen über sich und ihre Umgebung auf. Diese Daten werden vom Steuerzentrum des Roboters ausgewertet und in Anweisungen für den Roboter umgesetzt.

WARM, HEISSER, KERNFUSION

Um den Klimawandel zu bremsen, brauchen wir neue Energiequellen. Könnte Kernfusion eine Alternative zu Öl, Gas und Kohle sein? Heutige Atomkraftwerke arbeiten mit Kern*spaltung*: Die Spaltung des Atomkerns setzt Energie frei. Bei der Kern*fusion* werden die Kerne von zwei oder mehr Atomen miteinander verschmolzen. Doch in großem Maßstab glückte das bisher noch nie.

Großer Nutzen

Bei der Kernfusion könnten die Kerne bestimmter Wasserstoffatome (Tritium und Deuterium) miteinander verschmolzen werden, dabei würde Helium entstehen und Energie sowie ein Neutron freigesetzt werden. Ein großer Vorteil der Kernfusion ist, dass dabei weder gefährlicher Atommüll noch klimagefährdende Gase entstehen. Noch toller ist, dass das Ausgangsmaterial *vier Millionen mal* mehr Energie liefert als die gleiche Menge an Kohle oder Erdöl.

KERNFUSION

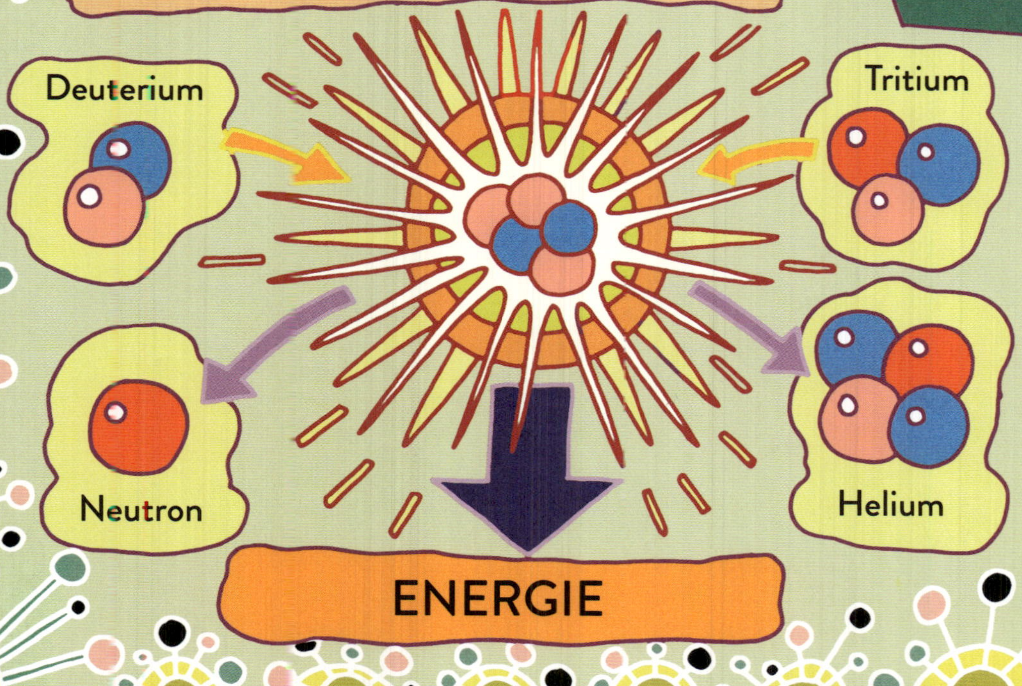

Riesige Hürden

Das größte Problem bei der Kernfusion ist, dass sie nur bei einer Temperatur funktioniert, die höher als die der Sonne ist: bei über 100.000.000 °C. Derzeit werden Fusionsexperimente in Labors durchgeführt, doch der Bau geeigneter Kraftwerke scheint noch in weiter Ferne zu liegen. Die Gebäude müssten der enormen Hitze standhalten können.

ARBEITEN IN NANOGRÖSSE

Nanotechnologie ist eine Wissenschaft, die sich unter anderem mit der Konstruktion winzigster Maschinen beschäftigt. Ihre Größe wird in Nanometern gemessen, das sind Milliardstel eines Meters. Ein menschliches Haar ist zum Beispiel nicht weniger als 80.000 Nanometer breit. Erstaunlicherweise gibt es bereits einige dieser mikroskopisch kleinen Maschinen, darunter Pumpen, Motoren und Fahrzeuge. Könnte es eines Tages Millionen von Nanomaschinen geben, die Maschinen oder sogar den menschlichen Körper von innen reparieren?

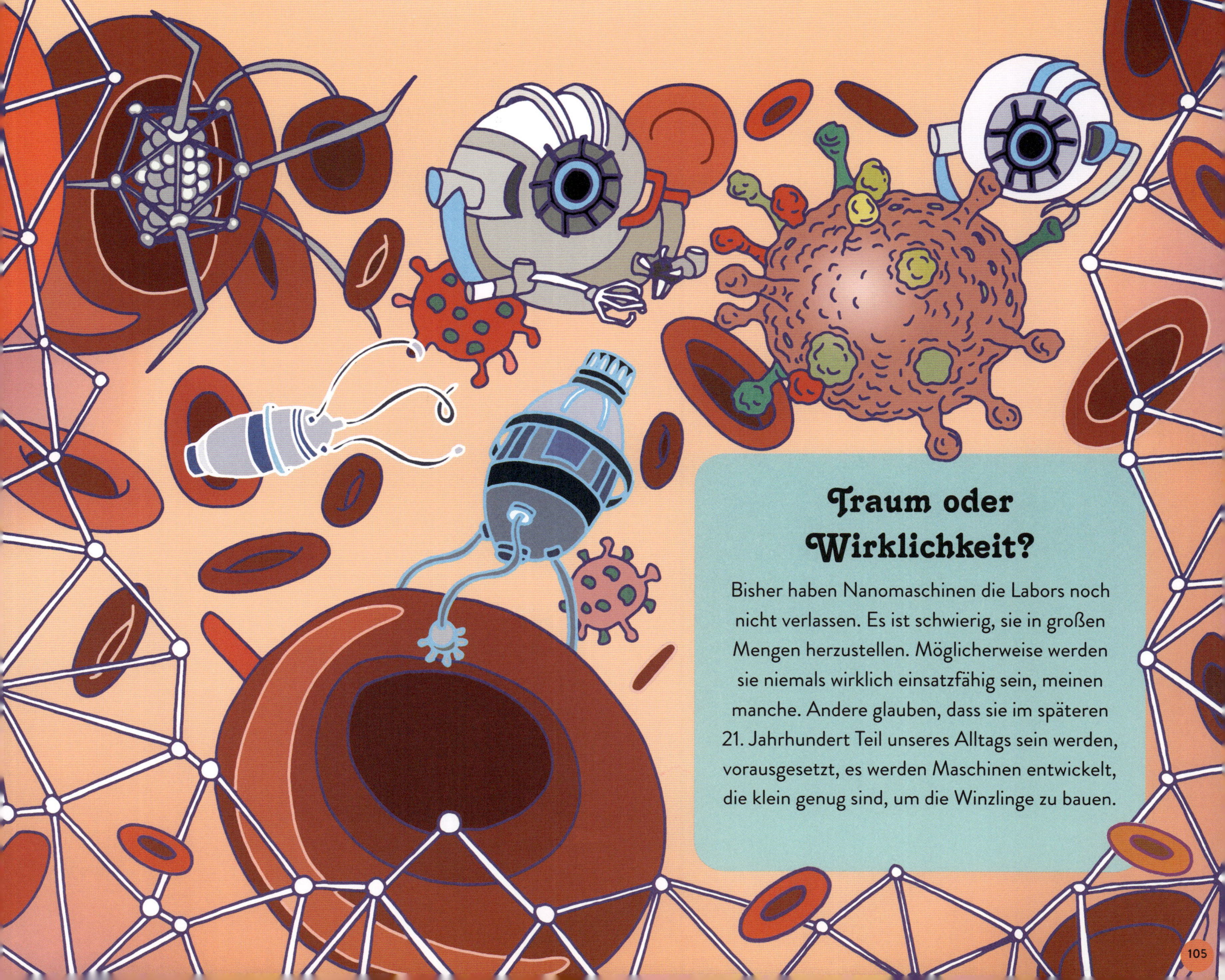

Traum oder Wirklichkeit?

Bisher haben Nanomaschinen die Labors noch nicht verlassen. Es ist schwierig, sie in großen Mengen herzustellen. Möglicherweise werden sie niemals wirklich einsatzfähig sein, meinen manche. Andere glauben, dass sie im späteren 21. Jahrhundert Teil unseres Alltags sein werden, vorausgesetzt, es werden Maschinen entwickelt, die klein genug sind, um die Winzlinge zu bauen.

GELÖST?

Unser Mysteriversum verändert sich laufend. Wir erweitern unser Wissen, entwickeln Erfindungen und Theorien, und ständig wird etwas Neues entdeckt. Diese Fortschritte helfen immer wieder, Rätsel zu lösen und Geheimnisse zu lüften. Hier stellen wir einige Antworten auf knifflige Fragen vor, die Forschende lange beschäftigt haben.

Explosiver Boden

Auf der sibirischen Halbinsel Jamal wurden zwischen 2013 und 2020 17 mysteriöse Krater entdeckt. Entstanden sie durch Meteoriteneinschläge oder Vulkanausbrüche, oder handelte es sich um Einstürze der oberen Bodenschicht? Seit 2021 glauben russische Forscher, die Lösung zu kennen: Durch das Auftauen des Eisschilds und des Bodens wurden große Mengen an Methangas freigesetzt. Das unter Druck stehende Gas verursachte die Explosionen, die diese Krater entstehen ließen.

Das Windsor-Summen

2011 hörten die Bewohner des Ortes Windsor in Kanada es zum ersten Mal: ein lautes, andauerndes Summen. Jahrelang wusste niemand, woher es kam. Erst 2020, als viele Fabriken aufgrund der Covid-Pandemie schließen mussten, konnte das Rätsel gelöst werden: Die Schmelzöfen einer Stahlfabrik ließen die Metallfundamente des Gebäudes vibrieren und erzeugten so das tiefe Summen.

Vom Winde verweht?

Im Death Valley in Kalifornien ist der ausgetrocknete See Racetrack Playa Schauplatz eines großen Mysteriums. Die dort herumliegenden, oft Hunderte Kilogramm schweren Felsbrocken schienen sich von allein über den Boden zu bewegen und hinterließen sichtbare Schleifspuren. Manche legten in einem Winter mehr als 200 m zurück.

2014 fand man heraus, dass sich in Winternächten unter den Felsbrocken und auf der gesamten Ebene eine dünne Eisschicht bildet. Wenn windige Tage mit Sonnenschein folgen, zerbricht die Eisschicht in kleine Stücke, die sich auf der schattigen Steinseite ansammeln und zusammen stark genug sind, um den Stein von sich weg zu schieben. Dabei hinterlässt er im Schlamm eine Spur, die später hart wird.

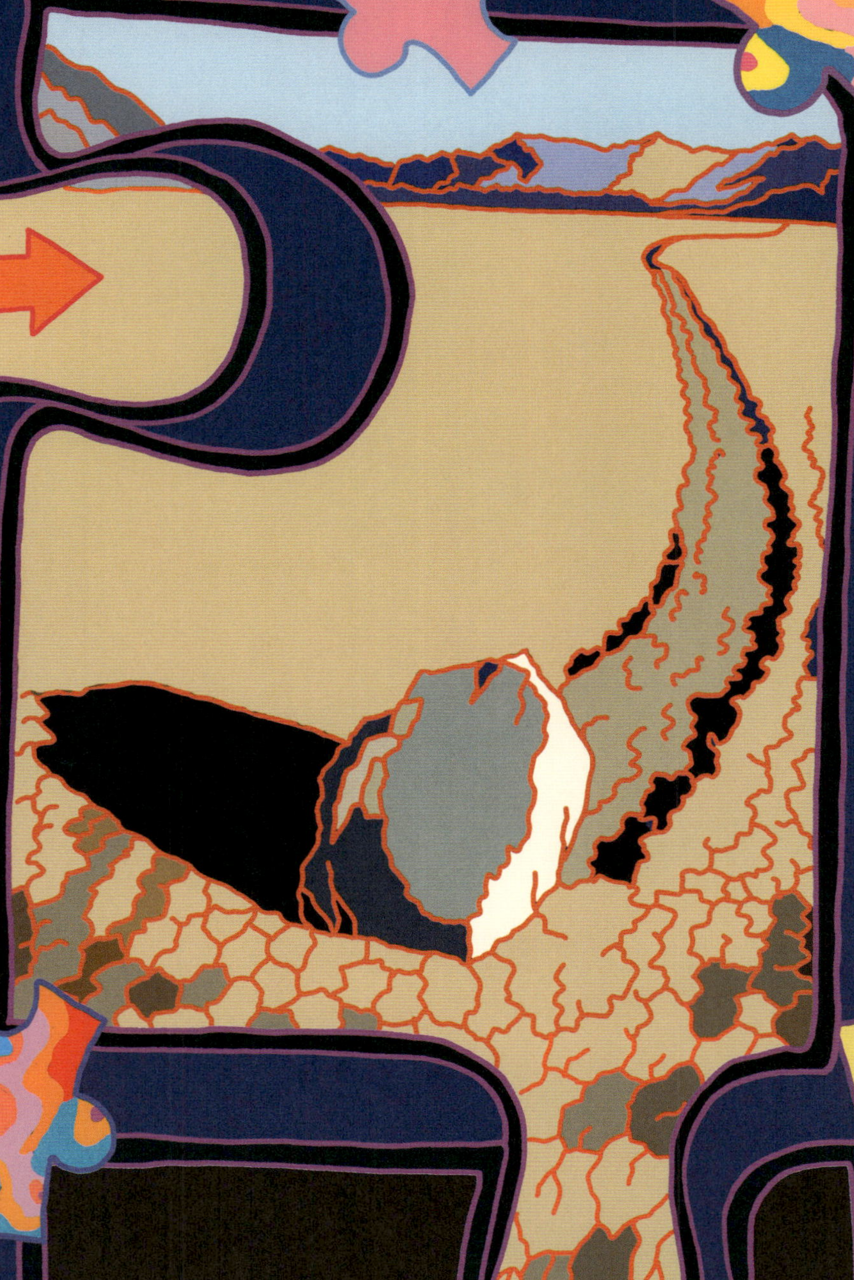

Lahme Sonden

Anfang der 1980er-Jahre wunderten sich Forschende der NASA über ihre Raumsonden Pioneer 10 und Pioneer 11, die auf ihrer Reise durchs All langsamer wurden. Dieser Zustand dauerte jahrzehntelang an. Bremsten Weltraumstürme die Sonden aus? Wirkte von irgendwoher Gravitation auf sie ein? Viele Jahre später fand man in einer staubigen Ecke Magnetbänder mit Daten – und mit der Antwort. Aus den Sonden entweichende Wärme übte auf diese einen Zug nach hinten aus. Diese Erscheinung, genannt »thermischer Rückstoß«, ließ die Sonden langsamer fliegen.

Blutfall

In der Antarktis ergießt sich ein blutroter Wasserfall aus dem Taylor-Gletscher in den Lake Bonney. Lange glaubte man, für die Farbe seien Algen verantwortlich. Dann aber wurde festgestellt, dass sie von dem stark eisenhaltigen Wasser eines früher unbekannten Sees stammt, der luftabgeschlossen 400 m tief unter dem Gletscher liegt. Sobald das Wasser dann in Kontakt mit dem Sauerstoff aus der Atmosphäre kommt, rostet es und färbt sich blutrot.

Würfel-Kacka

Wombats sind die einzigen bekannten Säugetiere mit würfelförmigem Kot. Sie markieren damit ihr Revier – und können sicher sein, dass nichts wegrollt! Die ungewöhnliche Form ihres Kots stellte die Wissenschaft lange vor ein Rätsel, bis Forschende 2018 mithilfe von Experimenten mit langen Luftballons die Lösung fanden: Der 6 m lange Darm eines Wombats besitzt dehnbare und steife Abschnitte. Mittels Muskeldruck formen die steifen Abschnitte die Kanten der Kotwürfel. Auch entzieht der Darm dem Kot sehr viel Wasser, sodass die Würfel ihre Form behalten.

Der Bloop

1997 bemerkten Forschende unter Wasser unweit von Antarktika ein unglaublich lautes, tiefes und ungewöhnliches Geräusch. Im selben Jahr wurde der »Bloop« noch mehrmals gehört, sogar aus über 5.000 km Entfernung, und dann nicht mehr. Kam er von einem Schiff, einer Geheimwaffe oder einem bisher unbekannten Tier? Es stellte sich heraus, dass ein Eisbeben die Ursache gewesen war: Ein Eisberg hatte sich langsam von einem Gletscher gelöst und war schließlich ganz weggebrochen.

Indiens eiserne Säule

Sobald Eisen mit Luft und Wasser in Kontakt kommt, rostet es. Deshalb wunderte man sich, warum eine 1.600 Jahre alte eiserne Säule in Delhi, Indien, weitgehend rostfrei blieb. War sie der Überrest einer vergangenen, technisch der unseren überlegenen Kultur? Oder gar ein Erzeugnis von Außerirdischen? Leider war die Antwort nicht besonders aufregend. Man fand heraus, dass eine dünne Schicht aus bestimmten chemischen Substanzen das Eisen vor dem Verrosten bewahrt hatte.

Feenkreise

In der Wüste Namib im südlichen Afrika fallen inmitten von Gras und anderen Pflanzen Kreise aus nackter Erde auf. Sie sind 3 bis 5 m breit, und es wird seit Langem gerätselt, was sie verursacht. Forschende glaubten bereits die Lösung gefunden zu haben: Die Wolfsmilchgewächse in der Namib-Wüste enthalten einen giftigen Saft. Die Forschenden nahmen an, dass wenn eine dieser Pflanzen abstirbt, ihr Saft benachbarte Pflanzen tötet und den umgebenden Boden wasserundurchlässig macht, sodass alle hier keimenden Pflanzen verdursten. Der Boden an diesen Stellen bliebe so lang nackt, bis der Saft abgebaut wäre. Doch neue Forschungen widerlegten 2020 diese Lösung. Somit muss das Rätsel um die Feenkreise in der Wüste Namib erneut gelöst werden.

GLOSSAR

Aasfresser
Ein Tier, das sich von toten Tieren ernährt.

Anziehungskraft
Von Planeten und Monden ausgehende Kraft, die Objekte auf ihrer Oberfläche hält. Andere Wörter für Anziehungskraft sind Gravitation und Schwerkraft.

Asteroid
Ein Himmelskörper, der kleiner als ein Planet ist, aber ebenfalls um die Sonne kreist.

Astronomie
Wissenschaft, die Planeten und andere Objekte im All erforscht.

Atmosphäre
Die Gesamtheit aller Gasschichten, die größere Himmelskörper umgeben.

Atom
Grundbaustein für jegliche Materie im Universum.

Bakterie
Winziges einzelliges Lebewesen.

Chemische Reaktion
Die Neuordnung der Verbindungen zwischen Atomen von zwei oder mehr Substanzen, aus der neue Substanzen entstehen.

Computermodell oder Computersimulation
Ein Computerprogramm, das einen in der Wirklichkeit stattfindenden Vorgang nachahmen kann, wie zum Beispiel die Umlaufbahn eines Planeten oder die Entstehung eines Unwetters.

Eisschild
Eine ausgedehnte und mächtige Eismasse, die auf festem Boden aufliegt.

Erdkern, äußerer
In der Geologie die Schale, die den inneren Erdkern umgibt.

Erdkern, innerer
Der innere Erdkern ist eine massive glühende Metallkugel. Er bildet den Mittelpunkt der Erde.

Erdkruste
Die harte, felsige Außenschale unseres Planeten.

Erdmantel
Die Schale zwischen dem Erdkern und der Erdkruste.

Erosion
Das Abtragen von Erde und Gestein durch natürliche Faktoren wie Eis, Wind oder fließendes Wasser.

Evolution
Veränderungsvorgänge bei der Entwicklung von Arten, die sich häufig über Millionen von Jahren hinziehen.

Exoplanet
Ein Planet, der sich außerhalb unseres Sonnensystems befindet und um eine andere Sonne kreist.

Fossil
Versteinerte Überreste oder Spuren einer Pflanze oder eines Tiers aus der Urzeit.

Galaxie
Ein System von Millionen oder Milliarden von Sternen, das durch Schwerkraft zusammengehalten wird.

Gen
Jener Teil einer lebenden Zelle, der das Erbmaterial enthält. Gene beeinflussen körperliche Merkmale und Eigenschaften wie die Augenfarbe.

Geologie
Wissenschaft, die sich mit der Entwicklung der Erde befasst.

Gletscher
Eine sehr große, aus zusammengepresstem Schnee bestehende Eismasse, die sich sehr langsam fortbewegt.

GPS
Abkürzung für: Global Positioning System (»Globales Positionierungssystem«). Navigationssystem, das mithilfe von Satelliten genaue Positionen auf der Erde ermittelt.

Interstellarer Raum
Gebiet zwischen den Sonnensystemen einer Galaxie.

Kambrium
Ein Abschnitt der Erdgeschichte, der vor etwa 541 Millionen Jahren begann und vor etwa 485,4 Millionen Jahren endete.

Klima
Die allgemeinen Wetterbedingungen einer Region über einen längeren Zeitraum hinweg.

Klimawandel
Langzeitige Veränderungen der Durchschnittstemperaturen und Wettermuster einer Region.

Komet
Ein aus Staub und Eis bestehendes Objekt, das um die Sonne kreist und, sobald es erwärmt ist, mit einem langen leuchtenden Schweif über den Nachthimmel zieht.

Kosmologie
Wissenschaft, die sich mit dem Ursprung, der Entwicklung und dem Aufbau des gesamten Universums beschäftigt.

Künstliche Intelligenz (KI)
Computerprogramme und Maschinen wie zum Beispiel Roboter, die so programmiert sind, dass sie lernen und in gewisser Weise innerhalb bestimmter Grenzen denken können.

Magnetfeld
Bereich um einen Magneten oder um elektrischen Strom, in dem Magnetismus auftritt.

Materie
Alles im Universum, das Platz einnimmt: vom einzelnen Atom bis hin zu Kühlschränken, Autos und Planeten.

Meeresströmungen
Bewegungen von Wassermassen innerhalb der Weltmeere, die jeweils in bestimmte Richtungen verlaufen.

Mesozyklone
Eine sich rasch um die eigene Achse drehende Luftsäule innerhalb eines Gewitters.

Meteorit
Ein Objekt aus Gestein oder Metall, das aus dem All auf die Erde fällt.

Methan
Farbloses und geruchloses Gas, das in der Natur und durch menschliche Aktivitäten entsteht.

Molekül
Eine Gruppe aus zwei oder mehr miteinander verbundenen Atomen. Die Atome können denselben oder verschiedenen chemischen Elementen angehören.

Nanometer
Eine sehr kleine Maßeinheit: ein milliardstel Meter.

Neuron
Eine besondere Art von Zelle, die Nervensignale übermittelt. Ein Gehirn besteht aus Milliarden miteinander verbundener Neuronen.

Neutron
Ein Bestandteil des Atomkerns. Neutronen haben keine elektrische Ladung, sind also neutral.

Paläontologie
Wissenschaft, die sich mit dem Leben in der Vorzeit beschäftigt.

Perm
Ein Abschnitt der Erdgeschichte vor ungefähr 299 bis 252 Millionen Jahren.

Pol, geografischer
Die Erde dreht sich um sich selbst. Doch es gibt zwei sich gegenüberliegende Punkte am Nord- und am Südpol, die dabei »stillstehen«. Das sind die geografischen Pole.

Pol, magnetischer
Bereich an den Enden eines Magneten, an dem seine magnetische Kraft am stärksten ist. Die Erde besitzt einen magnetischen Nordpol und einen magnetischen Südpol. Diese befinden sich nicht an denselben Stellen wie der geografische Nord- oder Südpol.

Primaten
Gruppe von Säugetieren, der auch Menschen, Menschenaffen und Affen angehören.

Raubtier
Ein Tier, dass andere Tiere jagt und tötet, um sich zu ernähren.

Rezeptor
Sinneszelle, die auf bestimmte Reize reagiert und sie an das Gehirn weiterleitet.

Rudiment
Organ, das früher in der Evolution einer Art eine wichtige Rolle gespielt hat, nun aber im Körper keine wirkliche Aufgabe mehr hat. Der Blinddarm galt bei uns Menschen lange als ein Rudiment.

Seismische Welle
Eine Energiewelle, auch Erdbebenwelle genannt, die meist durch ein Erdbeben oder einen Vulkanausbruch entstanden ist und sich im Boden fortsetzt.

Sonnensystem
Besteht aus einer Sonne, den Planeten, die um sie kreisen, und weiteren Himmelskörpern. Eine Galaxie besteht aus vielen Millionen Sonnensystemen.

Stern
Riesige Kugel im Weltall aus Wasserstoff und Helium, die langsam verbrennt und dabei Licht und Wärme abgibt. Die Sonne ist der Stern, der unserer Erde am nächsten liegt.

Superzelle
Ein Sturmzentrum, in dem sich Luftmassen beginnen zu drehen und »aufwärtszuschrauben«.

Synapse
Die Verbindung zwischen zwei Nervenzellen (Neuronen).

Umlaufbahn
Der Weg, den ein kleinerer Himmelskörper um einen größeren herum beschreibt, wie etwa der des Mondes um die Erde.

Urknall-Theorie
Eine Theorie, der zufolge das Universum vor ungefähr 13,8 Milliarden Jahren aus einem einzigen Punkt heraus entstand.

Wanderung
Auch Zug genannt: Eine Reise von Tieren, die sich zwischen Regionen mit reichem Nahrungsangebot und anderen, für die Aufzucht von Jungen besonders geeigneten Gebieten hin- und herbewegen.

REGISTER